经济增长理论视角下
山东新旧动能转换研究

王　琦　著

山东大学出版社
SHANDONG UNIVERSITY PRESS
·济南·

图书在版编目(CIP)数据

经济增长理论视角下山东新旧动能转换研究/王琦著.—济南：山东大学出版社，2022.9
ISBN 978-7-5607-7616-3

Ⅰ.①经… Ⅱ.①王… Ⅲ.①区域经济—经济结构调整—研究—山东 Ⅳ.①F127.52

中国版本图书馆 CIP 数据核字(2022)第 163470 号

责任编辑 陈佳意
封面设计 杜 婕

经济增长理论视角下山东新旧动能转换研究
JINGJI ZENGZHANG LILUN SHIJIAOXIA SHANDONG XINJIU DONGNENG ZHUANHUAN YANJIU

出版发行 山东大学出版社
社 址 山东省济南市山大南路 20 号
邮政编码 250100
发行热线 (0531)88363008
经 销 新华书店
印 刷 济南华林彩印有限公司
规 格 720 毫米×1000 毫米 1/16
13.75 印张 240 千字
版 次 2022 年 9 月第 1 版
印 次 2022 年 9 月第 1 次印刷
定 价 66.00 元

前言

为了应对新常态下经济增长的下行压力加大、制造业传统优势减弱、国际市场需求不足以及新工业革命带来的新挑战，以习近平同志为核心的党中央提出了“贯彻发展新理念，培育发展新动能”的重大战略部署。拓展发展新空间、增强发展新动能、培植发展新优势、促进经济转型升级，成为“十四五”时期国民经济和社会发展的重要任务目标之一。

2016 年《政府工作报告》多次提到“新旧动能转换”，经济发展必然伴随着新旧动能转换，要持续推进新旧动能转换的步伐和节奏。2017 年 1 月13 日，国务院办公厅出台了《关于创新管理优化服务培育壮大经济发展新动能加快新旧动能接续转换的意见》(国办发〔2017〕4 号)。2017 年两会期间，李克强总理在山东代表团的座谈审议中提出：“山东的发展得益于新旧动能转换，希望山东继续在新旧动能转换中打头阵。”2018 年 2 月 13 日，山东省人民政府下发《关于印发山东省新旧动能转换重大工程实施规划的通知》(鲁政发〔2018〕7 号)，进一步从实践层面展开推动新旧动能转换的相关探索。随着山东省新旧动能转换重大工程规划的逐步实施，山东新旧动能转换综合试验区的职能定位和城市分工更加清晰明确，它承载着打造山东未来发展高地的重大使命，这对山东来说，既是机遇，也是挑战。

山东省经过 30 多年的高速增长，产业发展条件发生了重大变化，过去支持产业增长的人口红利、资源红利、投资红利和改革红利出现了新的变化。随着资源红利衰减、资本边际报酬下降和对外开放带来的技术赶超空间收窄等不利因素的影响，山东省产业潜在增长速度出现减缓的趋势，依靠劳动力、土地、投资等要素带动的传统动能模式亟待调整。如何寻求产业增长的突破口，培育产业发展的新动能成为摆在我们面前亟待解决的重大问题。

基于以上背景，本书以经济增长理论的视角，从需求、供给、制度三个层面剖析山东省产业发展动力的演进趋势和规律，通过对山东省产业发展动力的解析和测算，分析影响经济社会发展的主要动力因子及各动力因子间的作用程度，并以此为依据构建山东省16个地市新旧动能转换的动力评价体系，在此基础上提出山东省优化新旧动能转换的产业空间布局及推动新旧动能转换的具体实施路径。因此，本书的研究既具有重要的理论意义和学术价值，也具有较强的应用价值。

围绕山东省新旧动能转换的理论创新和实践探索，本书主要分为理论篇、现实篇、策略篇和专题篇，具体内容如下：

第一章对经济增长理论的研究进行回顾。经济增长是经济发展的核心，因此经济增长理论也是发展经济学的重要组成部分，即研究一个国家的经济如何实现增长以及如何形成这种增长动力。新旧动能转换是发展经济学的重要概念，梳理国外经济发展理论的众多流派及经典经济增长模型并从中阐释经济增长的动力来源及其运行机制，对推动山东省实施新旧动能转换战略具有重要的理论意义。

第二章阐释新旧动能转换的内涵及演化机理。通过对新动能的概念、时代特征以及理论误区的详尽阐释，进一步厘清新旧动能转换的理论界定，充分理解新旧动能转换的丰富内涵。从经济增长的一般机理和推动新旧动能转换的内在机理两个层面入手，阐述在不同发展时期，产业增长具有不同的动力来源。无论产业处于生命周期的哪个阶段，都不能单纯地将产业成长归结为一种动力作用的结果，产业成长是多种动力相互融合、相互渗透、相互作用的结果。在新旧动能转换期，科技创新和制度变革逐步成为推动经济社会发展的重要动力来源。

第三章着重分析山东省产业发展的动力结构演进规律。全球经济发展经验表明，从短期来看，一个国家或地区的经济增长主要取决于需求动力结构的拉动；从长期来看，一个国家或地区的经济增长则主要取决于供给动力结构的推动。从需求动力和供给动力两个角度阐释山东省产业增长动力演进的规律，总结在新旧动能转换背景下山东省产业动力面临的问题和挑战，是山东省重构产业发展动力机制、转变经济发展方式的基础和前提。

第四章对山东省产业发展动力结构进行测算与分解。借助DEA-Malmquist模型和索洛余值法，对山东省全要素生产率进行测算，进而解析产业发展动力结构，阐释经济增长的效率以及资本要素、劳动要素、技术进步对经济增长的贡献度，并进一步有效地解释山东省经济增长更多的是依赖要素投入还是效率推动，找出新旧动能转换的着力点，提出实现经济高质量发展的途径，为山东省制定相关政策提供实证依据。

第五章对山东省新旧动能转换的动力进行结构评价。在研究变革期产业成长的一般机理的基础上，解析山东省产业发展动力演进规律，尝试从供给动力、需求动力、制度动力三个方面构建山东省产业发展动力新格局。利用AHP＋PCA分析模型，从需求、供给、制度三个层面构建山东省新旧动能转换的动力结构评价体系，通过对2020年山东省16个地市产业动力结构的21项数据进行综合评价，筛选出影响城市新旧动能转换的主动力因子并给予评价，验证山东省新旧动能转换的普遍规律和潜在动力。在新旧动能转换背景下，阐释山东省产业发展的主要驱动力及各动力因子间的作用程度，对构建山东省产业发展动力运行机制至关重要。

第六章分析国内外产业动力转换的经验与启示。典型发达国家在不同时期表现出不同的产业驱动力特征，这不仅与它们的国家制度相关，也与其不同的经济、文化背景相关。我们汲取国内外产业结构优化升级和动力转换的发展经验，与山东省产业发展实际相结合，因地制宜地选择与山东省产业发展动力结构演进趋势相适应的动力发展模式，对指导当前实施的新旧动能转换战略，不断提升经济发展质量和效益，提高国家经济实力和国际竞争力都有极其重要的意义。

第七章研究山东省新旧动能转换的产业空间布局。在产业空间布局理论的基础上，明确产业空间布局对新旧动能转换的影响机制，依据AHP和PCA模型分析的结果，阐释山东省新旧动能转换的动力结构综合评价，并对山东省16个地市新旧动能转换的产业能力做进一步的聚类分析。结果表明，山东省16个地市新旧动能转换的动力发展结构参差不齐，存在较大产业差距，并已呈现出梯度发展态势。我们可以将新旧动能转换的产业空间布局模式划分为动力结构稳定型、动力结构优化型以及动力结构调整型三种基本类型，并依据各地动力结构的特点与潜力提出山东新旧动能转换产业空间布局的整体思路和优化路径。

第八章提出山东省新旧动能转换的动力机制及实施路径。在新旧动能转换期，依靠要素投入、投资增长的传统经济增长方式已经不适应当前经济发展趋势，科学技术创新、产业结构升级以及机制体制变革成为推动产业发展的根本动力。因此，山东省深入推进新旧动能转换战略，一方面要推动产业发展动力优化，增加新动力供给，培育发展新动能；另一方面要推动产业结构优化升级，加快传统动能升级。同时，要深入推进供给侧结构性改革，以增加供给来拉动需求；要继续释放制度红利，提供规范高效的制度保障。

第九章对“互联网＋”数字产业培育经济增长新动能进行探讨。以数字技术为代表的高新技术突飞猛进，以数字产业化和产业数字化为主要特征的数字发展水平成为衡量国家综合竞争力的重要指标，人类社会正经历着有史以来最迅速也最为广泛的深刻变化。数字产业给产业结构和经济社会进步带来的深刻影响，引起世界各国的普遍关注。在新时代的背景下，面对资本边际报酬递减、人口红利逐渐消失、资源环境约束加强、逆全球化和贸易保护主义抬头等一系列宏观经济背景，数字经济成为经济增长的新动能之一，是山东省新旧动能转换的重要产业支撑和载体。研究山东省如何切实解决好数字经济产业发展中存在的问题，构建数字经济产业发展的体制与机制，加快数字经济产业的健康快速发展，对于推动新旧动能转换，构建经济增长新格局有十分重要的现实意义和深远的历史意义。

第十章论述绿色低碳发展拓展新动能发展空间。践行绿色发展理念，推动产业绿色低碳转型是在“双碳”目标下实现经济高质量发展的关键因素。综合考察山东省产业结构演进趋势、碳排放现状以及能源消费结构等基础性条件，明确产业低碳转型的现实困境并提出相应的路径选择，从加强顶层设计、全省协同推进、构建现代产业体系、改善能源供给结构、加强制度保障等方面构建山东产业绿色低碳转型的新格局，是山东省积极应对气候变化，推动全社会绿色低碳发展的战略选择，也是山东经济迈向科学发展的必由之路。

由于时间和能力有限，书中难免存在不足和疏漏之处，恳请各位专家批评指正！

王 琦

2022 年 8 月

目 录

理论篇

现实篇

策略篇

专题篇

理论篇

第一章　经济增长理论的研究回顾

经济增长是经济发展的核心，因此经济增长理论也是发展经济学的重要组成部分，主要研究一国经济如何实现增长以及如何形成这种增长。新旧动能转换是发展经济学的重要概念，梳理国外经济发展理论的众多流派及经典的经济增长模型并从中阐释经济增长的动力来源及其运行机制，对推动我省实现新旧动能转换具有重要意义。

第一节　国外经济增长理论的历史演进

一、早期经济增长理论

（一）古典经济学经济增长理论

亚当·斯密和大卫·李嘉图是古典经济学派的代表人物，他们在经济思想史上占有重要地位，更是现代经济增长理论的奠基人。萨缪尔森认为，亚当·斯密的代表作《国民财富的性质和原因的研究》的核心观点主要包含以下几个方面：第一，经济增长理论。亚当·斯密认为，劳动生产率的高低和从事生产劳动人员的多寡是决定国民财富增长的两个重要条件，并且劳动生产率受分工的影响较大，而从事劳动的人员数量与资本息息相关。第二，劳动分工理论。劳动分工可以有效地提高劳动生产率，一方面有效的分工可以避免劳动者频繁更替工作而带来时间的损耗，另一方面精进的技术以及机械的发明可以简化劳动过程，减少劳动力投入，生产效率由此大大提高。第三，资本理论。亚当·斯密认为，资本的使用方向和意图对国民经济增长有很大的影响。他指出："投在农业上的部分越大，所推动的国内的生产性劳动量也愈大，同时，对社会土地和劳动的产物所增加的价值也愈大，除了农业，当推制造业。投在出口贸易上的资本，在三者中，效果最小。"[①]第四，对外贸易理论。亚当·斯密认为自由贸易可以促进国际分工进而推动各国劳动生产力的增长，这些都有助于提高国民财富和居民收入。

大卫·李嘉图继承了亚当·斯密经济学中的精华并在此基础上进一步丰富了古典经济学。李嘉图赞同社会财富增长取决于劳动数量的扩大和生产效率的提高，同样也认为自由贸易更有利于扩大分工和生产的专业化，并在此基础上提出了比较优势理论。在《政治经济学及赋税原理》中，他指出每个参与贸易的国家根据"两利相权取其重，两弊相权取其轻"的原则，生产并出口其具有优势的产品，进口其具有劣势的产品，可以有效提高本国产品利润率。李嘉图与亚当·斯密最大的不同在于他提出了报酬递减的规律。他认为，由于资本积累、生产扩大引起对农产品需求的不断提高，土地供给数量有限，这种现象必然会引起农业生产的边际效率递减。虽然生产技术带来的劳动效率的提高可以延缓这种报酬递减的状况，但当生产利润率降低到一定程度，不足以引起资本积累时，经济增长会越来越慢，最终进入长期停滞状态，这也在一定程度上体现了新古典经济学生产函数边际生产力递减的规律。

(二)马克思经济增长理论

马克思在批判继承古典经济学理论的基础上，以劳动价值理论、剩余价值理论为分析框架，逐步形成丰富的经济发展思想理论体系。马克思认为商品价值的构成包括三个部分，用公式表示为：

$$Y=C+V+M$$

① 亚当·斯密.国民财富的性质和原因的研究(上卷)[M].郭大力，王亚南，译.北京：商务印书馆，1972：336.

其中，Y 为商品价值，C 为不变资本，V 为可变资本，M 为剩余价值。

马克思经济增长理论有如下几个要点：第一，在经济增长方式上，他在《资本论》中指出："如果生产场所扩大了，就是在外延上扩大；如果生产资料效率提高了，就是在内涵上扩大。"[①]在这里，马克思已经从内涵和外延两方面指出了经济增长的不同方式，生产要素的投入数量及其使用效率是关系经济增长速度的两个相辅相成的重要因素。第二，在影响经济增长因素上，马克思认为除了劳动、资本、土地等基本生产资料以外，技术进步和制度创新在经济增长中的作用巨大。在《共产党宣言》中，马克思指出："资产阶级在它的不到一百年的阶级统治中所创造的生产力，比过去一切世代创造的全部生产力还要多，还要大。"[②]他充分肯定了科技创新在经济发展中的重要推动力。第三，在制度创新上，马克思认为适应社会生产力发展的制度就是有效的制度，而不适应社会生产力发展的制度将会阻碍社会进步，这也充分体现了制度因素对社会发展的重要作用。

(三)熊彼特经济增长理论

熊彼特对经济发展理论的贡献主要在于他提出了独特的创新理念，他在《经济发展理论》一书中提出"创新理论"，并强调生产技术的革新和生产方法的变革在经济发展过程中的重要作用。熊彼特认为经济发展是一个动态调整的过程，"可以定义为执行新的组合"[③]，包括一种新产品、新生产方法、新市场、新原材料以及新的组织形式。因此，创新的实质就是生产要素的重新组合，或者是"用不同的方式去使用现有的资源，利用这些资源去做新的事情，而不问这些资源的增加与否"[④]；也可以理解为把一种全新的关于生产要素和生产条件的"新组合"引入生产体系，以实现对生产要素或生产条件的重新组合，而"把职能是实现新组合的人们称为'企业家'"[⑤]，企业家创新的动力来源于对垄断利润和超额利润的追求。

---

① 马克思.资本论(第2卷)[M].北京：人民出版社，2004：192.

② 马克思恩格斯选集(第1卷)[M].北京：人民出版社，2012：405.

③ 熊彼特.经济发展理论[M].何畏，等译.北京：商务印书馆，1990：289.

④ 熊彼特.经济发展理论[M].何畏，等译.北京：商务印书馆，1990：106.

⑤ 熊彼特.经济发展理论[M].何畏，等译.北京：商务印书馆，1990：82-83.

二、现代经济增长理论

(一)新古典增长理论

1.哈罗德-多马模型

继古典经济理论研究范式之后崛起的新古典经济学范式在性质上发生了重大转变,经济学研究的重点转向了“静态的市场均衡”。20 世纪 40 年代,罗伊·福布斯·哈罗德(Roy Forbes Harrod)与埃夫塞·多马(Evesey D.Domar)分别提出类似的经济增长模型,以凯恩斯理论为基础,研究充分就业情况下储蓄、投资与收入增长之间的关系,被称为“哈罗德-多马模型”。该模型认为,一个经济社会的资本存量和总产出之间存在一定的比例关系,即:

$$Y=K/v$$

其中,Y 为总产出或总收入,K 为资本存量,v 为常数,实际上 v 是“资本-产出比”,即 $v=K/Y$。

哈罗德-多马模型虽然简明扼要地提出“自然增长”的概念,将一国经济增长归结为劳动人口的增长,但模型要求资本-劳动比不变,只有资本和劳动力保持同等增长比例才能达到均衡,但这在现实中往往很难实现。同时,该模型假定不存在技术进步,忽视科学技术的发展可以有效提升生产要素的使用效率。

2.索洛模型

20 世纪 50 年代,美国经济学家罗伯特·索洛(Robert Nerton Solow)修正了哈罗德-多马模型,他用新古典生产函数取代了固定生产函数,解决了刚性生产函数中生产要素不能替代的问题,在此基础上建立动态均衡模型,分析劳动、资本与经济增长之间的关系,奠定了新古典经济增长理论的基础。索洛模型假设生产函数为:

$$Y=F(K,L)$$

其中,Y 为总产出(总收入),K 是资本存量,L 是劳动总量。

索洛模型有以下几个显著特点:第一,生产函数是新古典模式,遵循规模报酬不变、边际报酬递减规律。其中,资本-产出比、资本-劳动比不是一个常数，而是一个变量，可以根据资本和劳动的资源禀赋和生产投入的不断变化而变化，在某种程度上，国家可以根据本国资源禀赋调控这一变量。例如在资本稀缺的发展中国家，政府可以引导企业进行大规模的劳动力募集，并以劳动密集型产业为主导产业，以弥补资本缺失带来的经济损失。第二，资本以一个固定比率进行折旧，高储蓄的国家可以进行"资本深化"，随着资本-劳动比上升，工人的人均资本存量增加，人均拥有更多的机器设备，以此提高劳动生产率和人均收入。第三，引入技术进步，并作为外生变量引导经济增长。该模型认为人均产出达到稳定状态时，储蓄、人口、投资、技术之间的关系是决定经济增长的主要因素，生产要素的积累以及新技术的引进和扩散对于推动经济增长具有重要影响。

（二）内生经济增长理论

索洛模型认为技术进步是外生变量，人均产量的增长率取决于劳动倍增型技术进步的速度①，因此可以推断，若各国都采用相同的技术，各国生产率都趋于一致，但实际验证结果却存在很大差异，这一现象激发众多经济学家对于经济增长的动力机制的新探讨。20 世纪 80 年代中期，出现了以"内生经济增长"为特征的新经济增长理论，其主要代表人物是罗伯特·卢卡斯（Robert E. Lucas）和保罗·罗默（Paul M. Romer）等经济学家。该理论强调内生的技术进步对经济增长的决定作用，人力资本积累对经济增长具有推动作用，同时政府决策对经济增长有长期引导作用。

1.AK 模型

AK 模型假定生产函数为：

$$Y=AK$$

其中，Y 为产出，A 为代表生产技术水平常数，K 为包括人力资本和物质资本在内的广义资本。该模型为内生增长模型，假定要素报酬不存在递减，强调经济增长不是外生因素作用的结果，而是经济系统内生变量引起的。同时，经济增长取决于储蓄率和人口增长率，较高的储蓄率和较低的人口增长率导致较高的长期增长率，技术水平的提高也可以提高经

① 马春文，张东辉.发展经济学[M].北京：高等教育出版社，2010：47.

济的长期增长率。①

2.知识与人力资本

卢卡斯在《论经济发展机制》中将人力资本的变量引入经济增长模型,通过探讨人力资本与物质资本间的相互作用阐释内生经济变量对推动经济增长的内生机制。其得出以下结论:第一,知识与人力资本的积累对经济增长存在正向激励;第二,引入两部门增长模型,物质生产部门与人力生产部门之间非平衡增长会影响产值(两部门总投资都必须为非负),其中物质资本对人力资本的比率与物质资本对人力资本总投资的比率稳态值差距越大,产出增长率就越高。②

3.技术进步

随着人力资本的概念被引入经济增长模型,经济学家将注意力集中在长期经济增长的内生机制方面。罗默提出的技术变迁模型、吉恩·格罗斯曼(Gene Grossman)和埃尔赫南·赫尔普曼(Elhanan Helpman)提出的多种消费型增长模型都从不同的角度阐释了R&D过程可以将技术内生化从而带来一定的经济增长。通过技术变迁模型可以看出,一般均衡求解发现内生技术变迁是经济增长的源泉,知识外溢扩张效应可提高整个研究部门的产出效率和规模。同时,研究部门具有递增收益的作用,人力资本和知识存量的倍增会导致整个研究部门人力资本的边际产品提高,进而以更高的增长率推动经济增长。③

除此之外,产业增长及其动力源的研究一直是国外经济学界关注的焦点,比较有代表性的有以下几种观点:保罗·罗森斯坦·罗丹(Paul Rosenstein-Rodan)提出"大推进理论",该理论认为投资在很大程度上推动了经济增长,发展中国家要实现经济腾飞,必须克服"资本供给不足"和"有效需求不足"的双重障碍,全面而有效的投资可以推动国民经济持续、稳定地发展。④ 罗伯特逊(D. H. Robertson)提出了对外贸易是"经济增长发动机"的命题,他认为对外贸易在很大程度上推动了一国贸易增长,

① 马春文,张东辉.发展经济学[M].北京:高等教育出版社,2010:49-50.

② 马春文,张东辉.发展经济学[M].北京:高等教育出版社,2010:48.

③ 肖文,潘家栋,陈昊.新常态下中国经济发展动力转换研究[M].北京:人民出版社,2020:12.

④ 郭熙保.发展经济学经典论著作[M].北京:中国经济出版社,1998:236.

是产业增长重要的动力来源。[①] 让·鲍得里亚(Jan Bandliland)重新认定消费的价值,他认为消费是社会的核心生产力,是实现生产社会控制的一种极为有效的手段。[②] 奥马尔·巴沙尔(Omar H. M. N. Bashar)通过研究东盟国家总供给和总需求对经济增长的动态冲击效应,提出总供给和总需求与经济增长正相关的观点。[③] 卡斯特·霍尔茨(Caraten A. Holz)阐述中国未来经济增长潜力,他认为人力资本优势能够提升中国自主创新能力,是中国经济增长的动力源,收入分配则成为制约中国未来经济增长的重要因素。[④]

第二节　我国经济增长理论梳理

一、经济增长动力机制相关研究

经济发展方式受很多因素影响,这些因素会随着环境的变化而变化,经济运行机制也会随之不断优化升级,并逐步发展完善。从国内的相关研究来看,经济发展动力机制的研究主要集中在需求侧和供给侧两方面。国内关于产业增长动力源的研究,最早可追溯至 20 世纪 90 年代。有些学者探讨产业发展动力的本质,将产业发展的内在动力归结为资本逐利本性,外在动力归结为市场的有效需求;也有学者从新制度经济学的角度解释我国的产业增长,认为除了劳动力、资本投入及技术进步等内在因素外,制度变迁是推动我国产业增长的重要动力来源。随着计量经济学科的兴起,学术界尝试通过构建各种指标来测量生产要素对产业增长的贡献。

---

① 蒲晓晔.中国经济发展方式转变中的动力结构优化研究[M].北京:经济科学出版社,2015:10.

② 让·鲍德里亚.消费社会[M].刘成富,全志钢,译.南京:南京大学出版社,2008:28-30.

③ Omar H. M. N. Bashar. The Dynamics of Aggregate Demand and Supply Shocks in ASEAN Countries[J]. Journal of Asian Economics,2012(23):507-518.

④ 关浩杰.经济发展方式转变评价指标体系构建及应用研究——以河南省为例[J].河北工程大学学报(社会科学版),2012,29(4):25-30.

(一)基于需求侧方面的研究

投资、消费、净出口是拉动经济增长的主要需求动力，也被称为推动国民经济发展的“三驾马车”，需求侧的研究主要分为以下几个方面。

从投资的角度看，投资通过影响产业结构、技术水平和技术进步，间接地影响经济发展方式。郝颖等从微观的角度阐释企业投资对经济增长的地区差异，以 2001～2010 年沪深上市公司为研究对象，实证显示企业新增固定资产投资有助于推动当期经济增长，尤其在经济发达地区，技术投资对经济质量的提升作用更明显。[①] 孔群喜等通过 ODI 逆向技术溢出效应考察对外直接投资对中国经济增长的影响机制，认为 ODI 虽对经济增长存在时滞效应，但对国家经济增长效率及可持续发展有重要的推动作用。同时，ODI 行为对企业的自身发展具有显著的正向效应，极大地扩展了企业利润空间。[②]

从消费的角度看，消费是稳定经济增长的原动力，而消费结构不断升级成为推动一个国家和地区产业持续、稳定、健康发展的重要动力。张立元通过对 1978～2015 年全国全要素生产率进行测算，认为投资和消费在经济增长中起到重要作用，可作为调整经济深层次矛盾的切入点。[③] 新动能的提升对居民消费也存在溢出效应，戴永娟基于我国 31 个省份数据回归分析的结果，认为经济增长新动能增强会提升居民消费溢出效应，从消费结构来看，相对于生存型消费支出，地区经济增长新动能对享受型消费支出的影响更大，对消费升级有明显的促进作用。[④]

从净出口的角度看，进出口贸易可以有效加快本国资本积累的速度，提升专业化水平，发挥优势资源效益，提供规模经济，进而提升本国的生产能力，促进本国的经济增长。刘卫东等运用投入产出表考察 2001～2006 年中国对美、欧、日的出口及其对我国各省市的产业结构和产业水

① 郝颖，辛清泉，刘星.地区差异、企业投资与经济增长质量[J].经济研究，2014，49(3)：101-114.

② 孔群喜，王紫绮.对外直接投资如何影响中国经济增长质量：事实与机制[J].北京工商大学学报(社会科学版)，2019，34(1)：112-126.

③ 张立元.中国经济全要素生产率：基于真实经济的分析[J].宁夏社会科学，2018(5)：96-106.

④ 戴永娟.经济增长新动能的动力机制及其消费溢出效应研究[J].商业经济研究，2021(1)：189-192.

平的影响，实证显示出口对经济产业转型和区域经济增长起到重要的作用。[①] 张明志等依据 1998～2009 年我国省际面板数据研究发现出口产品多样化“集约边际”给我国所带来的增长效应显著，出口产品多样化存在较大的发展空间。谢锐等通过考察中印出口贸易得出，出口增长对我国经济增长的贡献率明显高于印度，且出口品呈现从劳动密集型向资本、技术密集型产业转移的态势。[②]

（二）基于供给侧方面的研究

经济增长的供给动力结构由要素投入、制度条件和技术水平组成，它们共同决定着经济增长的方式和速度，供给侧的研究主要分为以下几个方面。

从要素投入的角度看，无论是传统经济增长模型还是现代经济增长模型，要素研究的范围通常围绕着人力资本和物质资本两个传统要素展开，但近年来基于效率改善和规模效应的全要素对经济贡献的研究逐步成为热点。李展运用两部门模型来分析 1978～2018 年人力资本的变动情况及对经济增长的贡献率，研究显示人力资本对经济增长的年贡献率为 0.3%，人力资本增长主要得益于受教育程度提高。[③] 王金营等通过引入人口活跃度变量的宏观生产函数检验人口增长与经济增长的内在关系，发现人口活跃度与经济增长之间存在长期稳定关系，并且人口发展是经济增长的内生动力，提高了全要素生产率在经济增长中的贡献度。[④] 吴国培等通过测算不同时期全要素生产率对经济增长的贡献程度，认为与劳动投入相比，资本投入对经济增长的贡献度逐步扩大，我国经济对资本扩张依赖性显著增强。[⑤]

---

① 刘卫东，刘红光，唐志鹏，王亮．出口对中国区域经济增长和产业结构转型的影响分析[J]．地理学报，2010，65(4)：407-415.

② 谢锐，赵果梅．出口贸易对中印经济增长的影响效应研究[J]．国际经贸探索，2014，30(8)：52-63.

③ 李展．中国劳动生产率增长的动力和行业来源分析：1978-2018 年[J]．当代经济科学，2022，44(3)：1-12.

④ 王金营，李竞博．人口与经济增长关系的再检验——基于人口活跃度-经济模型的分析[J]．中国人口科学，2016(3)：12-22.

⑤ 吴国培，王伟斌．我国全要素生产率对经济增长贡献的分析研究[J]．统计研究，2014，31(12)：103-104.

从技术进步的角度看，在要素禀赋、经济投入等因素固定的条件下，经济水平依赖于效率的提升，而效率提升更依赖于技术的进步。郭春娜等从资本深化和技术进步的角度测算了中国制造业边际劳动生产率和人均劳动生产率，认为先进制造业的平均劳动生产率要高于传统制造业，因此，推动企业技术进步是提高中国制造业生产效率的主要途径。① 唐未兵等则认为受技术差距、消化吸收能力等因素的影响，技术引进对经济增长方式转变的作用较为复杂，通过考察1996～2011年28个省的数据发现，外资技术溢出和模仿效应有利于经济增长集约化水平的提升。②

从制度创新的角度看，经济发展方式转变的实质是一种制度创新。李新安对2000～2016年河南创新能力指数进行研究，认为区域创新能力与经济发展质量间存在较为显著的长期因果关系，制度创新能力提升与经济发展质量间存在的正向效应关系最为明显。③ 张红霞等以自由贸易区为研究对象，探讨制度创新与经济高质量发展间的关系，认为设置自贸区对经济增长具有显著的推动作用，其制度创新带来的经济发展更为明显。④

二、经济增长绩效评价的相关研究

(一)索洛余值法

通常认为，经济增长源于生产要素的投入和全要素的提高，索洛模型正是基于此，通过对生产要素进行分解，分别测算劳动、资本、技术生产率对经济增长的贡献率，以此识别这一区域经济增长是基于要素投入的投入型增长还是基于技术进步的效率型增长。卢名辉利用修正的索洛残差模型，以江苏省1978～2007年数据为基础，计算江苏省全要素生产率(TFP)，

---

① 郭春娜，陈春春，彭旭辉.中国制造业劳动生产率再测算——基于资本深化和全要素生产率贡献率的考量[J].价格理论与实践，2018(7):151-154.

② 唐未兵，傅元海.科技投资、技术引进对经济增长集约化的动态效应——基于状态空间模型的变参数估计[J].中国软科学，2014(9):172-181.

③ 李新安.面向高质量发展的区域创新能力评价与提升路径研究——以河南省为例[J].河南科技学院学报，2020,40(3):14-22.

④ 张红霞，葛倩倩，卢超.自由贸易试验区、制度创新与地区经济高质量增长[J].统计与决策，2022,38(1):90-94.

比较分析了劳动投入、资本投入、TFP 增长对产业增长的贡献，以此明确江苏省产业增长的主要驱动力。[①] 高睿璇等用索洛余值法对山东省自改革开放以来的 TFP 进行测算，认为山东省长期以来是投资驱动型经济增长，近年来技术进步是推动经济增长的主要动力。[②] 廖先玲等在索洛余值模型的基础上进行改进，运用多项式滞后分布模型对山东省技术进步贡献率进行测算，认为技术进步对山东省经济增长的贡献率并不高，但整体呈上升趋势。[③]

（二）数据包络分析（DEA）

DEA 方法是基于多指标投入和多指标产出对相同类型的数据进行有效性和效益性评价的系统分析方法。兰海等基于 DEA 的 BBC 模型，结合 Malmquist 指数方法从静态、动态以及全要素生产率指数等方面综合考察青海省科技创新效率，认为青海省科技创新综合效率处于非 DEA 有效，且全要素生产率受技术的制约处于波动状态。[④] 杨玉桢等利用改进的 SBM-DEA 四阶段模型对中国 30 个省市的科技创新效率进行测算，强调外生环境变量的影响，实证结果显示，科技创新效率东高西低，受科创环境和政策投入两大变量的影响显著。[⑤] 陆红娟等借助三阶段 DEA-BCC 模型测度各省域创新型产业集群运行效率，实证显示创新型产业集群效率与区域经济实力、产业结构、城镇化水平高度正相关，与地方财政可支配财力、区域创新能力呈负相关关系。[⑥]

（三）主成分分析（PCA）

PCA 方法是运用降维的思想，将多指标问题转化为较少且互不相关

---

① 卢名辉.改革开放以来江苏经济增长的动力演化[J].统计与决策，2009(18)：116-119.

② 高睿璇，刘刚，毛美玲.高质量发展背景下山东省全要素生产率的研究——理论机理和实证检验[J].华东经济管理，2019，33(5)：20-25.

③ 廖先玲，姜秀娟，赵峰，何静.基于“索洛余值”改进模型的山东省技术进步贡献率测算研究[J].科技进步与对策，2010，27(11)：69-71.

④ 兰海，吴悦，王丹.基于 DEA 和 Malmquist 指数的青海省科技创新效率研究[J].科技管理研究，2021，41(17)：40-46.

⑤ 杨玉桢，王锐，郭金龙.中国省域科技创新发展效率分析——基于 SBM-DEA 四阶段模型[J].科技和产业，2021，21(11)：10-15.

⑥ 陆红娟，何程，黄倧睿.基于三阶段 DEA 的省域创新型产业集群效率测度[J].科技与经济，2021，34(5)：21-25.

的综合指标，通过观察众多变量之间的内部依赖关系，探求观测数据间的基本结构。张超、吴群以江苏省为例，运用主成分分析法，对产业增长资本的形成、劳动力、市场化、国际化、技术进步、人力资本六大因素进行了回归分析，测算各因素对产业增长的贡献度，指出江苏省应当注重培育新增长动力，并提出经济增长动力转变的建议。① 刘涛借助 PCA 模型考察山东省产业结构变动的影响因素，认为消费结构、国家政策以及城市化水平是影响山东产业结构变动的三大因子。② 陶志梅通过 PCA 模型和 DEA 模型，从服务水平和运行效率两个层面对国家 207 家孵化器的可持续发展能力进行测评，阐释部分地区持续创新能力增强的主要因素。③

第三节　新旧动能转换的相关研究

新旧动能转换是我国转变经济增长方式、调整产业结构的重要途径，国内学者在厘清新旧动能转换的内涵、运行机理以及实现路径方面做了大量的研究。

一、新动能测度及演进方向

马秀贞提出从研究范式转向、强化供给侧改革以及需求侧协同三个层面审视新旧动能转换的重要内涵和演进方向。④ 盛朝迅认为新动能来源于科技创新、要素提升、深化改革、对外开放、消费拉动五个方面，对新动能的认识偏差以及体制机制障碍是阻碍新旧动能转换的重要因素。⑤ 柴士改等从投入与产出两个角度，采用权重赋权法测算新动能定基与环比指数，结果显示中国经济增长新动能定基指数、环比指数增长显著，资

① 张超，吴群.地区经济增长动力分析及中长期发展建议[J].学海，2007(3)：173-177.

② 刘涛.基于主成份分析的山东省产业结构变动影响因素研究[J].山东大学学报(哲学社会科学版)，2011(3)：107-112.

③ 陶志梅.基于主成分分析和 DEA 方法的企业孵化器可持续发展能力评价研究[J].科技管理研究，2016，36(2)：88-94.

④ 马秀贞.把握经济增长新旧动能转换的三个视角[J].中国党政干部论坛，2019(11)：71-73.

⑤ 盛朝迅.“十四五”时期推进新旧动能转换的思路与策略[J].改革，2020(2)：5-19.

本、技术、能源、人才创新集聚趋势明显，经济呈现渐进式增长。[①]

二、新旧动能转换绩效考核

郑江淮等从供给侧、需求侧以及结构转换的视角对中国经济增长新旧动能转换进程进行了评估，以柯布-道格拉斯生产函数为基础构建经济增长动能指数，以此测度全要素生产率变动与经济增长的关系。其研究显示，经济增长得益于人力资本密集度的持续上升和全球价值链分工地位的提升，释放新动能的重点应集中在释放居民消费升级动能和促进企业创新动能上。[②] 周荣荣等借鉴卢卡斯的内生经济增长模型，在柯布-道格拉斯模型中引入技术进步、市场化程度以及结构变动等因素，考察1990～2016年全要素生产率提升对经济增长新动能的影响，实证显示，传统资本、外资、城市化以及市场化对经济增长的影响正向且稳定，而技术进步与人力资本的影响弱化且波动较大。[③] 董新兴等结合我国经济发展新常态，提炼归纳了9个影响新旧动能转换的重要因素，并以此为基础构建了包含6个一级指标、29个二级指标的新旧动能转换绩效评价体系，重点考核动能转换的内在驱动力和外在推动力。[④]

三、新旧动能转换实现路径

伴随着我国经济发展进入“新常态”，经济结构和发展方式都面临重大调整，实现新旧动能有序更迭，探索产业可持续增长，成为诸多学者研究的重点。黄少安从需求角度提出，在投资、消费和出口的增长动力结构上，应该继续加大投资；从供给角度提出，依靠新技术、新管理的提升是产业增长的关键。[⑤] 张文、张念明认为应该通过强化融合发展、开放发展与

---

① 柴士改，李金昌.中国经济发展新旧动能转换的监测研究[J].财经论丛，2020(12)：13-22.

② 郑江淮，宋建，张玉昌，郑玉，姜青克.中国经济增长新旧动能转换的进展评估[J].中国工业经济，2018(6)：24-42.

③ 周荣荣，李佳.全要素生产率提升与中国经济增长新动能成长[J].现代经济探讨，2019(9)：17-24.

④ 董新兴，李德荃，吕寒冰.新旧动能转换绩效考核评价指标体系优化研究[J].山东社会科学，2020(5)：136-141.

⑤ 黄少安.新旧动能转换与山东经济发展[J].山东社会科学，2017(9)：101-108.

改革创新，加速形成有利于新旧动能转换的现代产业支撑体系、新需求体系、创新体系以及现代规则体系。① 乔宝华、秦海林构建了“供给—需求—制度”的新动能分析框架，从供给、需求、产业、区域四个角度阐释我国工业新旧动能转换的路径。② 杨春等以常州市产业发展为研究对象，阐释产业增长的关键动力和最优增长动力路径，提出打造“新常州”的政策建议。③ 王昌森等认为创新驱动在新旧动能转换中具有重要的意义，通过构建创新驱动过程模型提出山东省要建立以政府为导向、以企业为主体、以科研机构为创新源的多层次相互协调的创新体系。④ 宁朝山基于历史与逻辑的视角阐释了实现新旧动能转换的窗口在于建立激发要素活力的体制机制，通过加快新工业革命前沿共性新技术的突破来促进“四新经济”快速成长。⑤

通过对以上相关研究动态进行梳理，可以看出，国内外学者对于产业发展动力源都做了大量的研究，但研究重点主要集中在动力源的概念、内在机理、驱动因素以及发展途径等宏观方面，较少涉及区域范围内的产业发展动力演进和动力优化机制设计。因此，在新旧动能转换背景下，探讨区域产业发展动力结构的优化，加快产业发展方式的转变，实现以创新驱动发展、以改革驱动发展的战略规划，保持经济持续稳定发展具有重要的理论意义和现实意义。

① 张文，张念明.供给侧结构性改革导向下我国新旧动能转换的路径选择[J].东岳论丛，2017，38(12)：93-101.

② 乔宝华，秦海林.我国工业新旧动能转换研究[J].工业经济论坛，2018，5(1)：27-35.

③ 杨春，佟金萍，马剑锋.经济增长的动力分析——以常州为例[J].经济问题，2009(11)：126-128.

④ 王昌森，董文静，于会娟.新旧动能转换背景下区域创新驱动能力研究——以山东省为例[J].山东工商学院学报，2018，32(5)：1-8.

⑤ 宁朝山.工业革命演进与新旧动能转换——基于历史与逻辑视角的分析[J].宏观经济管理，2019(11)：18-27.

第二章 新旧动能转换的内涵及演化机理

本章通过对新动能的概念、时代特征以及理论误区的详尽阐释，进一步厘清新旧动能转换的理论界定和丰富内涵，从经济增长的一般机理和推动新旧动能转换的内在机理两个层面入手，阐述不同发展期产业发展的动力来源。在新旧动能转换期，科技创新和制度变革逐步成为推动经济社会发展的重要动力来源。无论产业处于生命周期的哪个阶段，都不能单纯地将产业成长归结为一种动力单独作用的结果，产业成长是多种动力相互融合、相互渗透、相互作用的结果。

第一节 新旧动能转换的内涵及逻辑根源

一、新旧动能的概念辨析

（一）新动能

1.概念辨析

2015 年中央经济工作会议指出："加快培育新的发展动能，改造提升传统比较优势，增强持续增长动力。"李克强总理在 2016 年《政府工作报告》中首次明确提出"必须培育壮大新动能，加快发展新经济"。可以说，寻找新动力，培育新动能，是经济进入新常态的应对之策，也是实施供给侧改革的应有之义。

什么是动能？“动能”一词源于物理学，是指物体由于运动而具有的能量，动能被引入经济学领域，指的是经济发展所具有的能量，也就是经济发展的动力来源。关于新动能的概念，学术界没有明确的经济学解释。有的观点认为新动能是新动力，或者是新动力和新能力的总和，新动能的本质是效率，新动能强调集约高效高质发展。[①] 也有观点认为新动能不仅体现在新兴产业的壮大和原有产业的提升，更体现在以产业生态和产业集群为基础，产业、组织、政府、市场、区域等多主体协同发展形成的新模式和新关系网络。[②]

由此可以看出，经济发展的新动能的基础要素发生了变化，现在所谓的新动能是指在新一轮科技和产业革命中出现的新的动能或新的动力源；既包括有实体概念的新技术、新产业，也包括不以实体呈现的新理念、新模式和新制度。新技术、新产业囊括了新一代信息技术、生物技术、人工智能技术等具有划时代意义的前瞻技术，催生新业态、新产业，以此创造新供给和新需求；新理念就是紧跟科技发展趋势，认清创新是驱动发展的第一要素，坚持把创新作为经济发展的首要动力；新模式即利用“互联网＋”平台，集聚各种优质资源，推动开放融合，资源共享，实现供需精准匹配，提高各要素配置效率；新制度就是要营造公平竞争的市场环境，简政放权，强化激励，容许试错，宽容失败，推动大众创业，万众创新。

如何判定新旧动能？新旧动能不能一概而论，在不同历史阶段、不同发展层次，有不同的判定标准，并且判定标准会随着社会的变化而变化。从历史纵向发展来看，经济发展核心动能一直是科技发展带来的技术革命，在历史发展的关键时期，总会有若干关键技术发挥主导作用。例如蒸汽时代过渡到电气时代，电气时代过渡到信息时代，再到今天的移动互联网、物联网等，机械化、电气化、自动化、计算机技术及一系列以此为基础的产业对技术使命以及经济腾飞起到了关键作用。从社会横向发展来看，对于发达国家来说属于旧动能范畴的，对于发展中国家而言，仍然可

① 李佐军.培育经济增长新动能从何处入手[J].经济研究参考，2017(4)：11.

② 赵炳新.区域间总产出波动互相影响的网络模型[J].系统工程理论与实践，2017(10)：10-15.

能属于新动能的范畴。随着一个国家或地区经济的持续增长，初期的新动能可能逐步成为落后的旧动能，新旧动能不断更迭。随着西方工业强国不断对外转移其相对落后的制造业环节，印度、越南、缅甸等发展中国家逐渐成为其海外制造基地。从发展中国家角度看，承接海外产业转移可以有效地促进本国劳动技术水平的提升，这本身就是不断孕育新动能的过程。

2.新动能的时代特征及理论误区

(1)新动能的时代特征。显而易见，新旧动能是相对而论，在不同历史时期会有不同的新动能出现，一个时期的新动能到了下一时期就会自动转化为旧动能。在不同的地域，新动能的内涵也有所不同。因此，与传统工业动能相比，信息时代新动能有以下几个显著特征。

从科学技术的角度看，以计算机、“互联网+”为代表的信息技术在经济社会发展的各领域、各环节快速发展，并以此为基础有力推动了工业制造业和现代服务业向数字化、网络化、智能化方向迈进。经济发展的创新驱动源于信息技术的推广利用及其与新能源、新材料、低碳技术、生物技术交叉融合。由此可见，现阶段的新动能带有显著的科技特征。

从社会发展的角度看，与工业经济大规模标准化追求不同，信息社会更注重小微化、个性化和柔性化产品，社会需求也从工业品需求向服务品需求过渡。互联网使开放、平等、协同、共享等文化特质在新动能形成过程中得到充分体现，新动能体现了信息社会的新需求，推动人类社会从工业化社会向信息化社会加速转型。

从发展模式的角度看，新动能的价值创造从价值链向生态圈转移，价值创造不再依靠每个环节的成本节约和产出比，而是通过资源配置的有效性和精准性来实现，互联网成为资源配置的主要渠道。在新常态下，新技术、新产业、新业态、新模式四种基本形态及其复合、集合形成的各种新形态是价值实现的主要载体，投资、资本、人力、创新等要素产生的价值和效益很大程度上取决于各类载体间的网络结构，并通过网络结构实现共创共享。

从动力来源的角度看，新动能的形成有赖于动力动能转换机制，其基础动力来源于供给和需求。从需求侧的角度分析，投资、消费、净出口被称为推动国民经济发展的“三驾马车”,共同构成了拉动一国经济增长的需求动力结构。从供给侧的角度分析,要素投入、技术水平以及制度条件是经济增长的主要源泉,三者的相互作用构成了经济增长的供给动力结构,它们共同决定着经济增长的方式和速度。其中,要素投入是根本,技术水平决定着要素的使用方式和效率,而制度条件则通过影响要素使用者的激励结构作用于要素的使用方式和效率。以上这些要素都是通过改变要素的配置和使用,提高要素的产出效率来提高经济总体水平。

(2)发展新动能的理论误区。新旧动能转换是一个长期而复杂的过程,随着新业态、新模式的出现和发展壮大,生产要素、产业链、生产组织方式和管理模式都将发生革命性的变化。随着《山东省新旧动能转换重大工程实施规划》颁布实施,山东新旧动能转换综合试验区的布局规划、职能定位和体制建设逐步清晰明确。在山东新旧动能转换综合试验区建设中,济南、青岛、烟台三个城市的动能增长承担着先锋队、排头兵的引领作用,要为全省乃至全国提供可复制、可借鉴的样板做法。能否准确认识、把握和引领新旧动能转换的理论要义,直接决定着实践中各项政策制定的科学性和有效性。因此,厘清新旧动能转换中的理论误区就显得尤为重要。

误区一:把新动能、旧动能割裂而论。在新旧动能转换过程中,新业态和新模式对既有的发展模式造成了冲击和影响,也有效地推动了经济高速增长。因此,有人将新动能和旧动能简单地对立起来,认为二者是非彼即此、此消彼长的关系,并一味地追求“无中生有”的新技术、新产业、新业态、新模式,当然,这是新旧动能转换的主要目标,也是未来经济发展的新空间。事实上,当传统动能发展到一定阶段并开始减弱时,必定会有新动能异军突起,来适应产业革命的需要。但就现在而言,仍然需要高度重视“有中出新”的传统技术、传统产业、传统业态和传统模式的优化提升过程,强调新动能对传统动能改造提升的重要意义,将传统动能提升和新动能推动结合起来,形成更大的混合动能。

误区二:将推动新动能等同于扩大投资。在新旧动能转换的大背景下,全国多个省市走出了以加大投资培育经济新动能的模式。但在实践中,有地方认为培育经济增长新动能必须要加大投资,热衷于拉投资、上项目、建园区等,在一定程度上造成园区空置等现象。事实上,不能单纯地认为培育经济增长新动能只是加大投资力度,而更应关注经济增长方式的调整与升级。同时,技术创新不断地改变产业管理模式,政府的管理和服务模式也要不断调整,以此适应企业运营方式的转变。如何走出理论误区,充分释放制度与体制创新的红利,是培育新动能过程中各方应该关注的重点。

误区三:过度"管控"新兴业态。新兴业态尚处在探索发展阶段,面临诸多不确定性,也给政府管理带来很大挑战。各级政府如何对待新兴业态关系到新动能能否发展壮大。以电商为例,由于缺乏有效的行业制约,有些地区出现无序竞争的苗头。不正当竞争行为在互联网上扩散,侵犯注册商标行为时有发生,损害竞争对手商业信誉的现象屡见不鲜,带来了一定的社会隐患。面对新兴业态快速发展中出现的各种问题,有些政府部门习惯照搬原来的监管思路和模式,对暴露出来的问题也倾向于从严管理。实际上,新兴业态需要不断在摸索、尝试、纠错中前行,各级管理机构在坚持底线的基础上,应该坚持鼓励创新、包容审慎的监管原则,为新兴业态的发展营造宽松的环境。

误区四:忽视新动能的发展潜力。新动能带来的经济增长逐步被认可,但人们对其重要性和发展潜力还缺乏有效认知,认为新动能的提升不足以弥补旧动能的衰减,新兴产业产值贡献小、利税少,甚至新业态领域出现的不规范现象,更加剧了管理部门对于创新模式的抵触心理。出现上述认识误区的根本原因还在于人们对正在经历的信息化革命带来的变化缺乏正确的认识。新动能带来的不仅仅是单纯的经济增长,更重要的是新的生产力涌现、经济结构的转型升级。现代信息技术的广泛应用和深度渗透,不仅改造了土地、资本、劳动力等传统生产要素,还催生出数据这一新的生产要素,并且日益改变着这些要素的组织方式,重构社会分工体系和产业竞争格局。[①] 新动能发展壮大的趋势不可逆转,主动迎接历史发展趋势,顺势推动产业结构优化升级是全面推进供给侧结构性改革的必然选择。

---

① 徐宪平,杜平,张新红.驱散增长的迷雾:新常态下的新动能[M].中国财富出版社,2017:25-30.

（二）新旧动能转换

中国特色社会主义进入新时代，社会的主要矛盾已经转化为人民日益增长的美好生活需要和不平衡不充分的发展之间的矛盾，经济社会结构面临诸多新问题和新挑战。实施新旧动能转换是顺应历史发展规律的重大战略举措。综观经济增长理论的发展，不管是传统增长理论还是新增长理论，要素投入、科技进步和制度条件始终被认为是经济增长的三大动力。经济发展方式受诸多因素的影响，这些因素会随着时间、环境的变化而不断变化，因此经济发展方式也会随着这些影响因素的变化逐步从不完善向完善转变。新旧动能转换过程中的动力结构转换是决定新旧动能转换效果的重要因素，动力配置是否合理直接关系到国民经济能否平稳运行。

新旧动能转换的内涵丰富，是"旧动能"逐步被"新动能"取代的过程。新旧动能转换，既要求发展新技术、新产业、新业态、新模式，着力培育战略性新兴产业，同时又要借助信息化手段推动传统产业的转型升级。从微观角度看，新旧动能转换应该是要素组合方式、要素利用效率、生产技术水平的组合所创造的增长方式的综合改变，是从较低水平的平衡增长路径跃升至较高水平的平衡路径的动态过程；从中观角度看，新旧动能转换是地区、城乡、产业从非均衡增长向均衡增长转变的动态过程；从宏观角度看，新旧动能转换是整个社会由高速增长向高质量增长转变的动态过程。①

由此可以看出，新旧动能转换是一个动态的、非均衡的增长过程，不能简单理解为某些产业的技术更新、生产方式的量变，而是整体社会技术更迭，生产方式转型升级的质变。新旧动能转换可概括为三个阶段：转换前期、转换中期和转换后期。在转换前期，新动能处于萌芽状态，虽然拥有较高的技术水平，但市场占用率及对全要素生产率的贡献都会低于旧动能。此时，旧动能仍处于稳步提升的状态，在经济增长中仍然发挥着重要作用，新动能不可能完全取代旧动能成为推动经济发展的主要动力来源。在转换中期，新动能积累经验，逐步适应发展环境，对全要素生产率

① 杨蕙馨，焦勇.新旧动能转换的理论探索与实践研判[J].经济与管理研究，2018(7)：12-13.

的贡献也稳步提升。在这一阶段，新动能会取代旧动能成为促进经济社会发展的中坚力量。转换后期，随着新动能被运用到经济社会的各个方面，新动能所代表的信息化成为社会发展的主体，产业结构得到重构，经济总量大幅度攀升，旧动能退出历史舞台，经济结构在较高的平衡增长路径中趋于稳定。但不可否认的是，此时社会正在孕育新的代表未来发展方向的超新动能。产业动力来源更迭周而复始，从未间断。

1996 年美国《商业周刊》首次提出“新经济”一词，用于描述一个经济体内的新生态与新增长动力。在我国，“新动能”一词首次出现是在十二届全国人大四次会议上，李克强总理在《政府工作报告》中将“新经济”和“新动能”联系在一起，指出经济发展必然会有新旧动能迭代更替的过程，当传统动能由强变弱时，需要新动能异军突起和传统动能转型，形成新的“双引擎”。[①] 与低效率、高污染、高能耗为主要特征的粗放式传统制造产业和传统运营方式等旧动能相比，新动能代表着创新性、领先性的新技术、新业态、新模式，是在新一轮科技革命和产业变革中形成的经济社会发展的新动力。新旧动能转换就是以技术创新为核心，以新技术、新产业、新模式、新业态为核心，以知识、技术、信息、数据等新生产要素为支撑，在“加速发展，创造新的动能，增强和改变传统的动能”的转换要求的基础上，通过创新等方式激发出新业态、新模式来形成经济增长新动力，以此来对冲传统动能的减弱，形成新的经济增长点。[②]

因此，推动新旧动能转换的途径有两种，既可通过推动新技术、新模式、新业态、新产业实现，又可通过对既有传统产业的改造升级实现，两种途径相辅相成、相互促进。这是新旧动能转换概念所蕴含的重要的辩证思想，也是推动经济高质量发展的双引擎。

二、新旧动能转换的逻辑根源

(一)新旧动能转换是社会发展的必然要求

从劳动力投入角度分析，劳动力结构决定经济发展方式的转变，也是

① 十二届全国人大四次会议开幕 李克强作政府工作报告(报告全文)[EB/OL].(2016-03-05)[2022-03-01]. http://www.rmzxb.com.cn/c/2016-03-05/721934.shtml.

② 秦昌才.新旧动能转换中金融体系支撑的内涵及其作用[J].甘肃社会科学,2019(1):159-165.

经济发展动力转换的重要环节。世界经济的演进也是从主要依赖简单劳动向主要依靠脑力劳动的飞跃。众所周知，劳动力素质的提升对经济增长具有非常重要的意义。舒尔茨认为，人力资本是体现在劳动者身上的一种资本类型，并以劳动者的知识程度、技术水平、工作能力以及健康状况来表示数量和质量，是这些价值因素的总和。① 当代经济增长和国家财富的增长主要是人力资本投入的结果，技术进步主要依靠人力资本的积累。从产业发展来看，劳动力结构优化升级就是要推动农业劳动力向非农业转移，乡村劳动力向城镇转移，工业劳动力向服务业转移；从职业发展来看，劳动力结构优化升级就是使体力劳动者向脑力劳动者转化，低层次体力劳动者向高层次体力劳动者转化，低层次脑力劳动者向高层次脑力劳动者转化。从要素使用的角度分析，进入现代社会，煤炭、石油等资源面临枯竭，太阳能、电能、核能等大量新兴能源大量投入工业生产和人们的日常生活，人类对传统石化资源的依赖程度下降，知识、创新、技术、信息等无形要素对经济增长的重要作用开始显现，世界经济增长呈现由要素驱动向创新驱动逐渐过渡的发展态势。人类进步的历史上，每一次经济转型都是新旧动能转换的结果，新旧动能转换是人类社会发展的必然要求。

（二）新旧动能转换是科技演进的客观规律

在要素禀赋、经济投入等因素固定的条件下，经济水平依赖于效率的提升，而效率的提升更依赖于技术的进步。新旧动能转换和新技术革命相伴而生，新技术革命的每一次前行，也是新旧动能转换的过程。20 世纪 40 年代以来，以电子计算机、原子能、航天空间技术为标志的第三次科学技术革命全面爆发，大批新的技术手段应运而生，极大地促进了社会发展。进入 21 世纪，“互联网＋”、物联网、移动互联网飞速发展，使互联网借助有形的商业模式实现了从虚拟世界向实体经济的过渡。② 人们使用互联网不再只是进行简单的信息传递，而是进行线上信息与线下实体的高效配合。近年来，工业化的再次兴起和信息化的广泛渗透成为新技术

① 郭熙保.发展经济学经典论著选[C].北京：中国经济出版社，1998：296-300.

② 杨蕙馨，焦勇.新旧动能转换的理论探索与实践研判[J].经济与管理研究，2018(7)：12-13.

革命的新趋势和发展特征。社会发展新旧动能的不断更迭，是科技进步的客观规律所决定的，科学技术不断更新的过程，也是新旧动能不断转换的过程。

(三)新旧动能转换是中国经济发展的根本出路

改革开放以来，中国经济总量一直保持高速增长。2017 年我国国内生产总值(GDP)为 827122 亿元，经济总量首次站上 80 万亿元的历史新台阶。但从 2010 年开始，受到内外部因素干扰，经济增长跌破 8%的高速增长水平。经历了几十年的快速增长，长期以来粗放型的经济发展方式所积累的矛盾也日益突出，资源消耗高、生态环境承载力下降、收入分配差距扩大、国际贸易争端加剧，这些因素都在一定程度上阻碍经济社会的发展。同时，中国进入新的发展阶段以后，经济发展条件发生了重大变化，过去支持经济发展的体制改革红利、人口红利、投资红利、资源红利出现了新的变化，成本竞争力、人口红利所带来的外延式增长已经达到极限边缘，依靠劳动、土地、资源等要素带动的传统动能模式已经难以为继。因此，经济发展方式必须进行调整，经济结构要从需求因素转向供给因素，由传统红利向新红利空间转变，通过实施供给因素管理来创造新制度红利的空间。推动新旧动能转换，实现经济增长方式转变是中国经济发展的根本出路。

第二节　新旧动能转换的演化机理

一、经济增长的一般机理分析

经济发展方式受很多因素影响，这些因素会随着环境的变化而变化，经济发展方式也会随之不断地优化升级，并逐步发展完善。经济发展过程就是各种动力源彼此融合的过程，合理的动力结构可以有效地推动经济发展方式的转变。新旧动能转换过程中的动力结构调整是决定产业结构升级的重要因素，动力配置是否合理直接关系到国民经济能否平稳运行。经济发展的动力可以分为需求动力和供给动力。

(一)需求动力

投资、消费、净出口是拉动经济增长的主要需求动力,也被称为推动国民经济发展的“三驾马车”,用公式表示为:$Y=C+I+X+G$。其中,经济活动总量(Y)由消费(C)、投资(I)、净出口(X)、政府购买(G)共同构成。

1.投资结构

投资结构是指投资在国民经济的各地区、各部门、各行业之间的分配情况及比例关系。投资结构通过影响经济结构、技术水平和技术结构,间接地影响经济发展方式。例如,将更多投资向科技进步相关产业倾斜,就会间接地提高技术能力在整个产业技术结构中的比重。投资结构是否合理至关重要,它不仅会影响到产业结构的形成和发展变化,而且还会影响到投资对产业增长的拉动效应,甚至影响到国民经济能否稳定健康地发展。

2.消费结构

消费结构一般是指消费种类的构成,即各类消费支出在消费总额中所占的比重关系。刚性特质使消费成为稳定经济增长的原动力,而消费结构不断升级成为推动一个国家和地区产业持续、稳定、健康发展的重要动力。随着收入增长,消费结构按照一定的路径演进,由必需品的消费逐步转向耐用品的消费,消费内容也从以物品消费为主向以服务消费为主转变。消费结构升级会导致投资结构随之发生变化,继而影响进出口结构的变化。

3.进出口结构

进出口结构往往受一个国家或地区产业结构状况、科学技术水平、产品国际竞争力等因素影响。进出口贸易可以有效加快本国资本积累的速度,提升专业化水平,发挥优势资源效益,产生规模经济,提升本国的生产能力,从而促进本国经济增长。

(二)供给动力

经济增长的供给动力结构由要素投入、技术水平和制度条件组成,它们共同决定着经济增长的方式和速度，用公式表示为：$Y = A \cdot K_{\beta} \cdot L_{1-\beta}$。劳动力总量($L$)、资本总量($K$)和效率水平($A$，即 TFP)共同构成了经济活动总量(Y)。要素投入是根本，这是任何经济体都无法改变的规律；技术水平决定着生产要素的使用方式和效率；制度条件则通过影响生产要素使用者的激励条件，作用于要素的使用方式和效率。

1.要素投入

无论是传统经济增长模型还是现代经济增长模型，要素的范围始终围绕着劳动力和资本两个传统要素展开。

劳动力结构是决定产业发展水平和层次的重要因素，劳动力结构转型升级是推动产业持续、稳定、健康发展的前提，也是新旧动能转换的重要内容。转变经济发展方式就是重构经济发展的动力机制，使劳动力结构不断优化升级。同时，资本投入也是决定产业稳定增长的重要因素。在现代经济体系中，推动产业增长的资本原动力主要分为生产资本、知识资本和消费资本，其中知识资本已经成为推动市场经济发展的重要因素。由传统单一的生产资本促进经济发展的模式已经不适应现代产业体系发展的需要，而“消费资本导向、知识资本创新、生产资本推动”的三种资本联动的产业发展方式，真正从产业发展原动力上转化了产业发展方式，是资本角度上的新旧动能机制转换。

2.技术水平

新古典经济学家索洛在其论文《技术变化和总量生产函数》中指出，技术进步而非资本积累是经济增长决定性因素。在要素禀赋、经济投入等因素固定的条件下，经济水平依赖于效率的提升，而效率提升更依赖于技术的进步。需要指出的是，单纯依赖技术进步并不是实现一国产业持续、稳定、健康发展的充分条件，选择与本国要素禀赋相契合的技术产业结构才能保证经济实现可持续发展。在新旧动能转换的关键期，技术结构优化升级对产业发展的推动作用更为明显。

3.制度条件

经济发展方式的转变实质是一种制度变迁。具体来讲，就是经济发展方式内部各要素在外部要素的推动下，遵循经济发展的规律，从低层次向高层次转变的动态演进过程。从制度的激励功能角度分析，制度能够降低行为主体之间的交易成本，协调彼此的关系，使其形成稳定、可靠的预期，激励社会生产性活动有序进行，尽量使其私人目标与社会目标趋于一致，使个人收益与经济发展的成果紧密地联系在一起，避免出现外部性，激发行为主体的积极性与创造性，促进经济发展向更高层次转变。从制度的约束功能角度分析，制度供给能通过约束功能将经济主体追求自身利益最大化的行为约束在一个严格的制度框架内，以严厉的惩罚机制抑制经济主体可能发生的寻租、破坏环境、浪费资源、践踏法律等机会主义倾向。[①] 由此可见，制度供给为经济主体行为提供激励和约束双重制度框架，通过影响资源配置和使用效率来提升产业发展质量，为重构经济动力机制提供保障。

二、产业新旧动能转换的内在机理分析

经济发展动力可以抽象为供给侧五大要素组合，即 $G=f(L,R,C,T,I)$，其中，G 代表经济增长，L 代表劳动力，R 代表土地与自然资源，C 代表资本，T 代表科技创新，I 代表制度与管理。[②] 在不同时代、不同阶段，各要素的作用力度和影响效应不尽相同。一般而言，在经济增长的早期，劳动力、土地与自然资源、资本是最明显、最主要的影响要素。在经济体进入中等收入阶段后，科技创新、制度与管理这两大要素一般会表现出巨大的潜力以及对冲前三项因素支撑力滑坡的重要价值，乃至成为全要素生产率的主要贡献因素。因此，随着科学技术的不断更迭和新兴产业的不断崛起，传统的经济生命周期理论被赋予了新的含义，产业经过成熟期后不会直接进入产业衰落期，而是进入产业变革期，即新旧动能转换期（见图 2-1）。在这一时期，产业会面临两种不同的选择，有些产业通过推动新旧动能转换实现产业升级，焕发新的生命和活力；有些产业转型失败，逐步退出市场。同时，产业内部竞争会掀起新的技术创新浪潮，推动更多的新兴产业借助后发优势逐步壮大，实现新一轮的产业成长和产业竞争。

① 汤吉军，陈俊龙.经济发展方式转变障碍与制度创新[J].学海，2011(3)：97-101.

② 贾康.经济发展动力体系认知与财政支持新动能的思路和要领[J].地方财政研究，2019(9)：4-12+27.

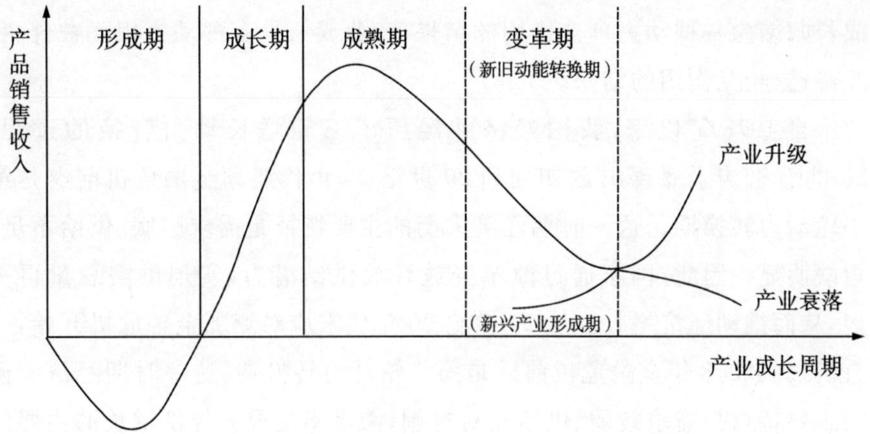

图 2-1　变革期(新旧动能转换期)产业成长周期理论

产业在不同的发展阶段,其动力来源也不同。在产业形成期,制度动力是产业成长的主要外部推动力,有效的产业政策和宽松的成长环境为产业萌芽提供了激励性的外部条件。在这一时期,政府推动力占据主导地位,劳动力、土地等资源禀赋以及科技创新也会发挥带动作用。在产业成长期,需求动力是产业成长的主要动力,强而有力的消费和投资是带动产业成长的关键因素。产业处于上升期时,企业追逐利润的驱动力会吸引更多的投资,同时,由于市场需求处于不饱和的状态,人们持续的消费动力也会成为推动经济社会持续发展的重要力量来源。在产业成熟期,产业结构和利润空间趋于稳定,大型企业借助其核心技术占据市场垄断地位,企业将更多的精力投入技术创新和产品创新。在这一阶段,随着市场饱和及产业利润空间收窄,消费和投资等需求因素的拉动作用渐缓,而基于全要素生产率提高和技术创新的供给因素的拉动作用增强,政府、企业和市场在产业发展中发挥重要作用。在产业变革期,处于成熟期的产业会面临两种选择:一方面优势产业通过推动新旧动能转换,实现产业升级;另一方面,劣势产业随着产业衰落退出市场。同时,通过技术再次创新,实现跨界融合,不断涌现出新兴产业。产业要实现转型升级,不仅需要企业推动技术创新,提高劳动生产率,同时又需要政府提供财政、税收等产业政策支持。因此,科技创新和制度变革是新旧动能转换期最主要的动力来源。无论产业处于生命周期的哪个阶段，都不能单纯地将产业成长归结为一种动力单独作用的结果，产业成长是多种动力相互融合、相互渗透、相互作用的结果。

自1978年以来，我国经济共经历了三轮增长动力转换的过程。20世纪80年代改革开放初期到20世纪90年代亚洲金融危机前夕是第一轮动力转换期。这一时期经济失衡的主要特征是需求膨胀、供给不足、短缺明显。因此，国家通过改革开放释放供给潜力，实现供需总量再平衡，从而推动经济增长。从20世纪90年代末应对亚洲金融危机开始，一直延续到2008年金融危机前后是第二轮动力转换期，这一时期经济失衡的主要特点是需求疲弱、供给相对过剩，需求不足成为经济增长的主要约束条件。因此，国家通过扩大内需、释放制造业产能、强化基础设施建设等措施推动经济增长动力转换。① 当前，我国经济正面临第三轮动力结构转换，这是我国经济进入新常态后的主动调整。面对世界经济进入增长低谷期、发达国家实施“再工业化”战略、逆全球化思潮涌动，以及国内经济结构失衡、传统动能对经济增长的拉动作用减弱等压力，这一轮的动力转换主要依靠制度改革、科技创新、结构调整，通过培育新技术、新模式、新业态、新产业，优化升级传统优势产业来推动经济增长新动能，增强内生动力，实现经济的高质量发展。

① 余东华.以“创”促“转”：新常态下如何推动新旧动能转换[J].天津社会科学，2018(1)：105-111.

「现实篇」

第三章　山东产业发展动力结构的演进分析

从短期来看，一个国家或地区经济增长主要取决于需求动力结构的拉动；从长期来看，一个国家或地区的经济增长则主要取决于供给动力结构的推动。从需求动力和供给动力两个角度阐释山东省产业增长动力演进的规律，总结在新旧动能转换背景下山东省产业动力面临的问题和挑战，是山东省重构产业发展动力机制、转变经济发展方式的基础和前提。

第一节　产业发展需求动力的动态演进分析

投资、消费和净出口被称为拉动经济增长的“三驾马车”，长期来看，投资、消费以及净出口与山东经济增长之间保持均衡关系，并在推动山东经济增长方面起到了举足轻重的作用，需求的构成结构也成为决定山东经济增长方式和今后产业动力结构调整的重要因素。

按支出法[①]统计三大需求对山东经济的贡献度及拉动情况见表 3-1，从表中数据可以看出，自 2000 年以来，投资和消费是推动经济增长的主要因素，资本形成总额与最终消费支出对山东 GDP 增长的贡献率几乎占到 95%以上。从发展趋势来看，投资一直是推动山东经济增长的主要动

① 支出法计算国内生产总值是从常住单位最终产品使用的角度反映一定时期生产活动最终成果的方法。按照产品(包括货物和服务)的最终使用去向，由最终消费支出、资本形成总额和货物服务净出口三部分构成。

力之一。特别是为了应对2008年全球金融危机对我国经济的冲击而实施的一揽子计划，强调积极的财政政策和适度宽松的货币政策，受宏观调控政策的影响，2011年投资对山东经济的带动作用达到峰值。同时，消费对经济的带动作用越来越强，特别是近年来，山东省积极实施扩大内需的政策措施，强调消费对经济的稳定作用，消费对GDP的贡献率逐步提高，2017年最终消费支出对GDP的贡献率首次超过资本形成总额，经济增长的动力结构由投资驱动向投资与消费并重转移。净出口对山东经济增长的拉动不足，并且受全球经济形势影响较大。例如，受全球金融危机的冲击，2009～2013年货物和服务净出口对山东GDP增长贡献率为负。

表3-1 三大需求对山东GDP增长的贡献　　单位：%

	资本形成总额		最终消费支出		货物和服务净出口	
	贡献率	拉动	贡献率	拉动	贡献率	拉动
2000年	49.7	5.1	45.7	4.7	4.6	0.5
2001年	36.0	3.6	53.8	5.4	10.2	1.0
2002年	40.2	4.7	46.9	5.5	12.9	1.5
2003年	48.0	6.5	41.1	5.4	10.9	1.5
2004年	55.8	8.6	40.1	6.1	4.1	0.5
2005年	51.0	7.7	47.7	7.2	1.3	0.2
2006年	49.3	7.2	45.8	6.8	4.9	0.7
2007年	50.0	7.1	44.7	6.4	5.3	0.8
2008年	49.5	6.0	48.4	5.8	2.1	0.3
2009年	66.9	8.2	44.6	5.4	−11.5	−1.4
2010年	62.9	7.9	40.9	4.9	−3.8	−0.5
2011年	65.9	7.1	40.5	4.6	−6.4	−0.7
2012年	58.2	5.8	46.6	4.6	−4.8	−0.5
2013年	55.4	5.4	45.3	4.3	−0.7	−0.1

续表

	资本形成总额		最终消费支出		货物和服务净出口	
	贡献率	拉动	贡献率	拉动	贡献率	拉动
2014 年	53.8	4.7	41.7	3.6	4.5	0.4
2015 年	51.4	4.1	43.5	3.5	5.1	0.4
2016 年	50.3	3.8	47.3	3.6	2.4	0.2
2017 年	49.4	3.7	50.3	3.7	0.3	0.3

数据来源:《中国统计年鉴》(2001～2018)、《山东统计年鉴》(2001～2018)。

一、投资对产业发展的拉动作用

投资与经济增长之间具有正相关关系。一方面,固定资产投资能够扩大和提高社会生产的规模和效率;另一方面,随着企业的增产增效,生产资料和劳动力需求不断提高,促进了社会就业率的提升,从而为经济发展进一步提供动力。山东省投资保持稳定增长,2021 年固定资产投资比上年增长 6%。[①] 固定资产投资对山东经济增长起到了至关重要的作用。

(一)投资规模

由图 3-1 可以看出,三次产业固定资产变动趋势与山东省 GDP 增长结构及产业调整方向整体上呈正相关关系。山东省固定资产增长率波动较大且呈现逐年缓慢下降趋势,2019 年山东省固定资产投资下降 8.4%,三次产业投资比例为 1.7∶30.1∶68.2,2020 年固定资产投资出现小幅度增长,三次产业投资比例调整为 1.9∶32.4∶65.7。归结其原因,近年来国内需求相对不足的问题已经成为经济生活中的突出矛盾,为了解决这一问题,在“扩大内需,加大固定资产投资力度,以投资带动产业增长”的政策下,出现了部分产业投资过快的问题,能源消耗和环境污染等问题也相继出现。一是投资高速增长,必然要消耗大量自然资源和能源,对自然资源造成巨大的破坏;二是大量重化工、高耗能、高污染产业的投产对

① 2021 年山东省国民经济和社会发展统计公报[EB/OL].(2022-03-02)[2022-04-01]. http://tjj.shandong.gov.cn/art/2022/3/2/art_6196_10294366.html.

环境污染严重。在此背景下，山东省采取措施对固定资产投资过快的问题进行调控，投资对产业增长的拉动作用减弱，这也是投资结构优化的重要方面。同时，固定资产投资中三次产业分配比例调整明显，尤其是制造业和服务业变动幅度较大，第三产业尤其是软件服务、计算机服务、软件交流等新兴生产性服务业以及文化、旅游、中介等传统生活性服务业成为投资的重点领域。

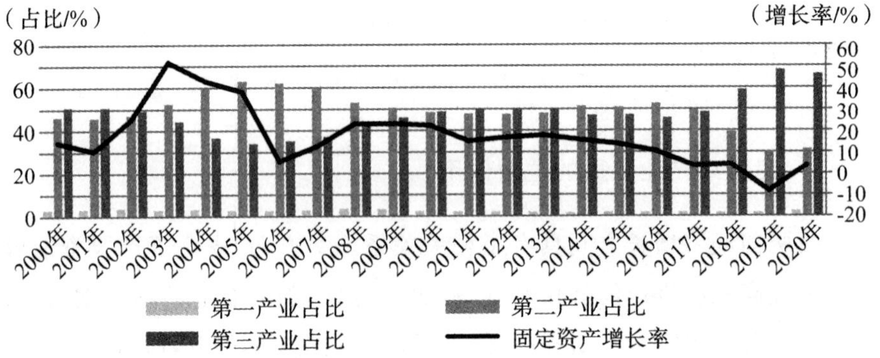

图 3-1　2000～2020 年山东省三次产业固定资产投资规模变动趋势

数据来源：《山东统计年鉴》(2001～2021)。

（二）投资主体

随着山东经济的快速发展，投资需求不断增加，投资种类不断丰富，投资类型也发生了很大的变化。从固定资产投资的构成分析，改革开放初期，固定资产投资主要由国有经济和集体经济组成，但随着时间推进，投资主体呈现多元化的趋势。2020 年山东省重点投资领域中，民间投资增长 8.2%，占固定资产投资的比重为 65.2%，比上年提高 1.3 个百分点。

由图 3-2 可以看出，山东省国有经济、集体经济等投资主体在固定资产投资额中的比重显著下降。其中国有经济投资比重从 2000 年的 45.4% 下降到 2020 年的 20.2%；集体经济投资比重下降更为显著，2020 年山东集体经济投资比重仅占全部投资的 0.5%。近几年，山东省政府加大"放管服"改革力度，先后出台了一系列优化营商环境的实施意见和政策措施，进一步激发了社会投资主体的活力，除政府以外，其他类型的投资主体获得了较大的发展，其中，股份制经济的比重上升最快，其次为外商投资经济，上升幅度超过 20%。与之相对应，随着投资主体比重的调整，以国有经济和集体经济为主体的第二产业增速减缓，而以个体经济、股份制经济、外商投资经济为主体的第三产业快速崛起，成为推动山东省经济社会发展的重要力量。

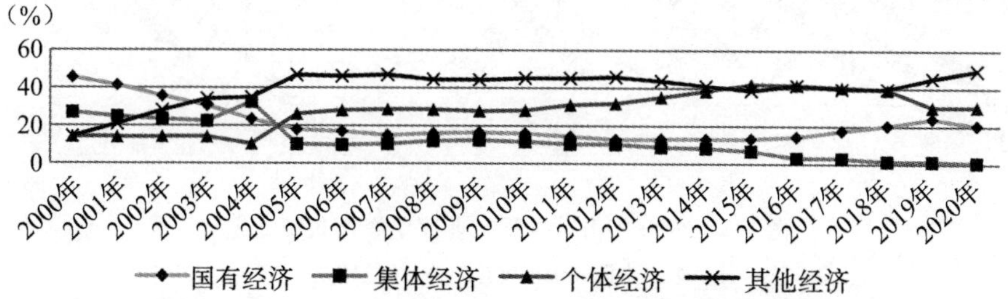

图 3-2　2000～2020 年山东省全社会固定资产投资比重趋势

数据来源：《山东统计年鉴》(2001～2021)。

（三）投资结构和增速

从投资结构来看，山东省第二、三产业投资规模近年来稳步提升，成为支撑固定资产投资增长的重要组成部分。制造业仍是第二产业中的投资重点，2020 年山东省制造业固定资产投资比重为 25.8%。2021 年，山东省制造业投资增长 13.1%，占固定资产投资的比重为 27.5%，比上年提高 1.7 个百分点；高新技术产业投资增长 11.6%，高于工业投资增速 1.8 个百分点。[①] 第三产业中房地产业，交通运输、仓储和邮政业，水利、环境和公共设施管理业，电力、热力、燃气及水的生产和供给业的投资占比较大，2020 年山东省这四个行业的投资总额占全行业固定资产投资比重在 55%以上，而信息传输、软件和信息技术服务业等新兴服务业投资比重偏低，投资结构有待进一步提高(见图 3-3)。

① 2021 年山东省国民经济和社会发展统计公报[EB/OL].(2022-03-02)[2022-04-01]. http://tjj.shandong.gov.cn/art/2022/3/2/art_6196_10294366.html.

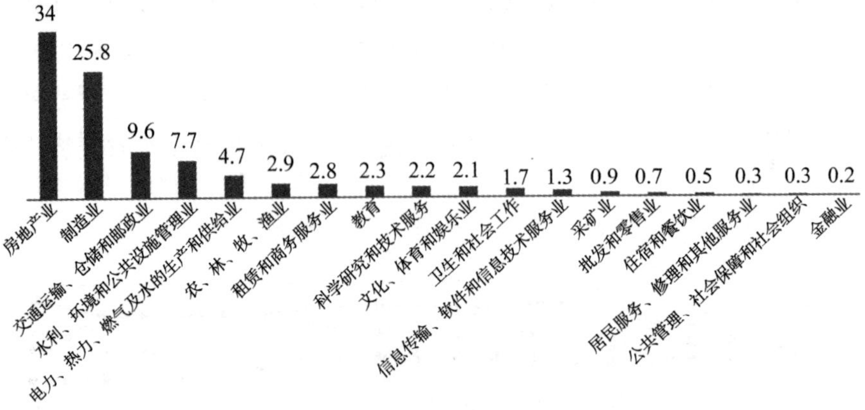

图 3-3　2020 年山东省分行业固定资产投资比重

数据来源:《山东统计年鉴》(2021)。

从投资增速来看,房地产业,交通运输、仓储和邮政业等传统吸金行业投资增速放缓,而依托信息技术发展的信息传输、软件和信息技术服务业,关系民生的卫生和社会工作等行业,以及提高人民精神生活水平的文化、体育和娱乐业等新兴服务业成为固定资产投资的重点(见图 3-4)。这进一步说明山东省在推动产业结构调整、加快新旧动能转换的过程中,将投资作为调整产业结构和经济增长方式的重要推动力,通过引导投资的范围、重点以及方向,围绕新旧动能转换重大工程战略,鼓励“四新”经济发展,不断加强卫生、教育、环境以及公共服务等短板领域的投资力度。

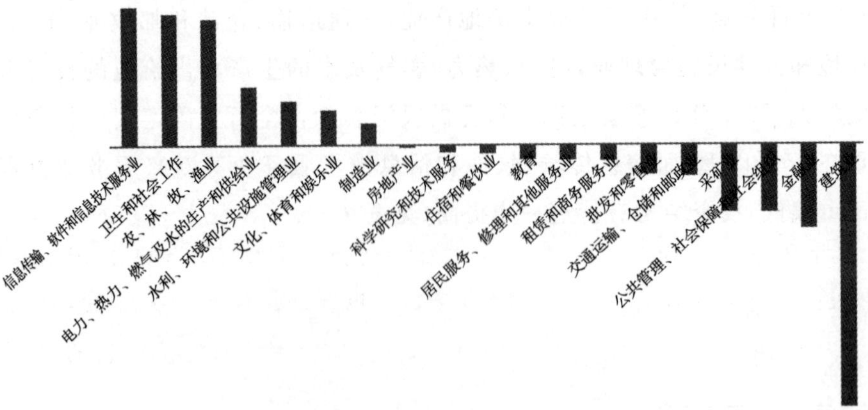

图 3-4　2020 年山东省分行业固定资产投资增速

数据来源:《山东统计年鉴》(2021)。

二、消费对产业发展的推动作用

近两年来，随着新冠肺炎疫情的蔓延，全球需求能力一直低位徘徊，国内消费不足的问题已经严重影响我国经济的持续健康发展，日渐引起人们的广泛关注。作为带动经济增长的重要动力来源，消费需求不足已成为经济增长缓慢和经济增长质量低下的主要原因。在基础设施薄弱、生产要素瓶颈作用显著的情况下，投资对经济增长的拉动作用比较明显，扩大投资成为主要的手段。随着经济总量不断扩张、基础设施持续完善，投资对经济增长的边际效益逐渐降低，拉动作用逐渐减弱，这时，只有扩大内需，提高居民消费，才能保证经济持续快速增长。山东省 2021 年社会消费品零售总额为 33714.5 亿元，比上年增长 15.3%。其中，餐饮收入为 3828.2 亿元，增长 22.4%；商品零售为 29886.3 亿元，增长 14.4%。城镇零售额为 28081.0 亿元，增长 15.3%；乡村零售额为 5633.5 亿元，增长 15.2%。①

（一）消费比重

消费率可以有效地反映一个国家生产的产品用于最终消费的比重，分为政府消费率和居民消费率。最终消费支出包括政府消费支出和居民消费支出，其中，居民消费支出又分为城镇居民消费支出和农村居民消费支出。消费率计算公式为：消费率（%）＝最终消费支出÷支出法 GDP×100%。

从山东省消费率的发展轨迹看，2000 年以来，消费占 GDP 的比重基本维持在 40% 以上，2010 年下降到 38.7%，不仅低于世界平均消费水平，甚至还低于一些发展中国家的消费率。政府消费所占比重一直保持相对稳定的状态，2004 年达到最高水平 13.7%，之后小幅下降，表明政府已经在调整因支出过大造成的居民消费挤占效应。居民消费占 GDP 的比重有所提高，但增长幅度不高，2004～2012 年居民消费率一直在 28% 左右的低位徘徊。2013 年后，居民消费水平不断提高，2017 年山东省最终居民消费率达到 38.9%（见图 3-5）。只有加快需求动力转变，调整片面依靠投资驱动和出口带动的动力结构，强化消费对经济增长的基础导

① 2021 年山东省国民经济和社会发展统计公报[EB/OL].(2022-03-02)[2022-04-01]. http://tjj.shandong.gov.cn/art/2022/3/2/art_6196_10294366.html.

向性作用，才能不断优化经济社会发展的动力结构，满足人们不断增长的物质和文化需求。

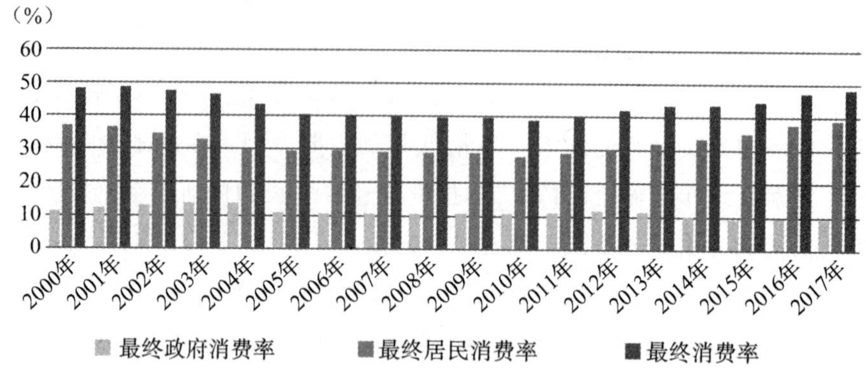

图 3-5　山东省最终消费变动趋势

数据来源：《山东统计年鉴》(2001～2018)。

（二）消费水平

山东省居民的消费水平不断调整升级，消费价格指数和消费水平指数可以从不同侧面反映这一变化过程。居民消费价格指数(CPI)是反映城镇和农村以家庭为单位购买消费品和服务的价格水平变动情况的指标，包含 8 大类 262 个分类商品与服务的价格，其变化率在一定程度上反映经济通货膨胀或通货紧缩的程度。如果 CPI 持续全面地上涨，表示发生了通货膨胀，由此引起的基本生活必需品价格持续走高会直接导致居民购买力减弱，因此 CPI 能从侧面反映不同收入群体的消费能力。消费水平指数反映居民消费物质产品和劳务产品的数量和质量，通过常住人口消耗的水、电、耐用消费品等实物、现代化生活设施的使用数量，不同消费品的消费比例等指标表现出来，是衡量居民消费结构的重要指标。2000～2020 年山东省居民消费价格总指数持续缓慢增长，涨幅呈现前高后低的态势，且从 2010 开始农村居民的消费价格指数增长幅度超过城镇居民(见图 3-6)。

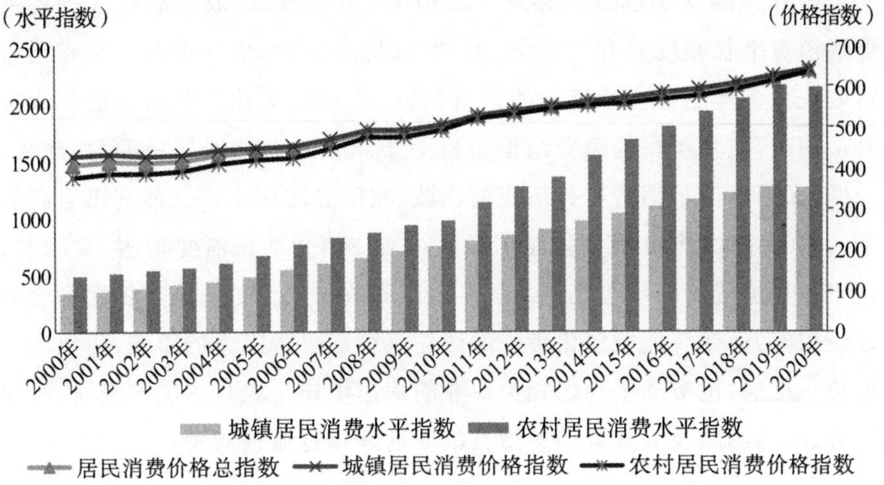

图 3-6 山东省居民消费价格指数和居民消费水平指数变动趋势

数据来源:《山东统计年鉴》(2001～2021)。

消费价格指数的持续上涨对农村中低收入者的影响较大,用于吃、住、行等消费型支出占比增加,在一定程度上制约了农村居民的购买力。农村居民的消费水平大幅度提高成为推动经济增长的亮点,2000～2020 年,山东农村居民消费水平指数远远高于城镇居民,2020 年农村居民消费水平指数为 2128.3,是城镇居民的 1.69 倍。这一方面得益于城乡收入差距缩小,农民增收渠道扩大,进一步提高了农村居民消费能力;另一方面,教育、医疗、养老等社会保障体系的完善减轻了农村居民的消费压力,再加上农村电子商务普及和消费观念的更新,农村市场已经成为扩大内需的重要组成部分,也成为经济增长需求动力的重要来源。

(三)消费结构

消费结构作为反映社会经济状况的一项重要指标,通过观测居民生活消费支出中食品、衣着、居住等生活支出比例以及教育、医疗等文化支出比重,集中体现城乡居民消费的层次、方向和质量。因此,了解居民消费结构的发展趋势及规律,认识经济社会系统与消费结构之间的相互关系,对引导居民消费方式和层次、优化社会资源配置、促进国民经济健康快速发展具有重要作用。2019 年山东省城镇居民恩格尔系数降至 26.8%,农村居民恩格尔系数降至 29.4%,基本已达到联合国规定的

20%～30%的富足标准。2000～2020年，山东城镇、农村居民人均食品烟酒消费增长幅度只有3.23%、3.88%（见图3-7），由此说明山东省居民将收入更多地用于食品以外的消费领域，消费层次和消费能力进一步提升。同时，城乡居民的消费结构也进一步调整。对城镇居民而言，居住、交通、医疗保健是消费增长最快的领域，城镇居民用于居住的支出居高不下，2000～2020年山东省城镇居民人均居住消费增长幅度高达12.51%，位于各类消费支出增幅之首。虽然山东省政府出台了一系列稳定房价的政策措施，但受快速城镇化带来的居住刚性需求等因素的影响，房地产发展势头迅猛，也带动了与之相关产业的快速增长。农村居民的交通、医疗保健、生活用品及服务等消费增长幅度远远超过城镇居民。

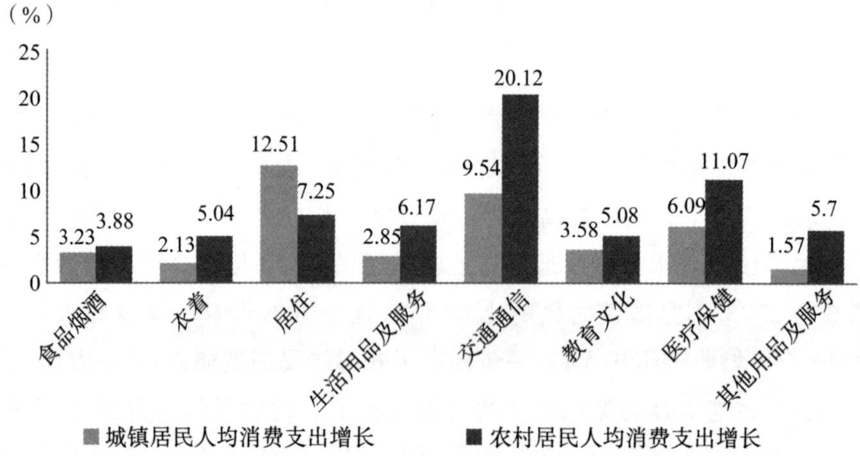

图3-7　2000～2020年山东省城镇居民和农村居民人均消费支出增长趋势

数据来源：《山东统计年鉴》(2001～2021)。

产业结构受居民消费结构的影响，其调整的动力来自居民消费结构的变化，居民消费结构的优化成为产业结构调整和经济发展的动力。

三、进出口贸易对产业发展的带动作用

中国改革开放的经验表明，一个国家想要快速地发展，离不开稳定的外部环境，积极开展对外贸易和合作，有助于发展中国家资金、技术等重要生产要素的积累，有助于经济结构从传统低效率向现代高效率转变。

（一）进出口带动作用

山东对外贸易增长迅速，2021 年货物进出口总值为 29304.1 亿元，比 2020 年增长 32.4%，比 2019 年增长 43.1%，占全国外贸进出口总值的比重从 2020 年的 6.9%提高至 7.5%。同时，山东积极融入“一带一路”建设，2021 年对沿线国家和地区进出口 9376 亿元，比上年增长 40.8%。[①] 下面考察 2000～2020 年山东省进出口增长对 GDP 增长的影响，将 GDP 增长率（Y）作为因变量，将进出口增长率（X）作为自变量进行简单线性回归，拟合模型如下：

$$Y=0.2329X+0.0793$$

$$R^2=0.4218$$

由上式可知，山东省进出口增长率与 GDP 增长率之间正相关，进出口增长率每增加 1 个单位，影响 GDP 增长率平均增加 0.23 个单位，进出口增长率可以解释 GDP 增长率 42.18%变化的原因（见图 3-8）。由此可见，对外贸易对经济增长有明显的带动作用。

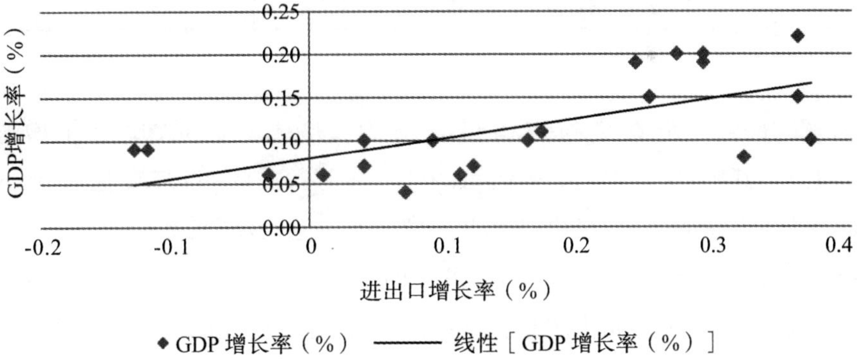

图 3-8　2000～2020 年山东省 GDP 增长率与进出口增长率的关系

数据来源：《山东统计年鉴》（2001～2021）。

（二）进出口贸易总量

改革开放以来，山东省对外贸易获得了长足的发展，对外贸易结构显

① 2021 年山东省国民经济和社会发展统计公报[EB/OL].(2022-03-02)[2022-04-01]. http://tjj.shandong.gov.cn/art/2022/3/2/art_6196_10294366.html.

著优化，对外贸易规模迅速扩张，对外贸易对 GDP 的贡献率明显提升。2000～2020 年，山东对外贸易顺差稳步增加，外需成为拉动山东经济增长的重要推动力（见表 3-2）。

表 3-2　2000～2020 年山东省进出口贸易总额　　单位：亿美元

年份	进出口总额	出口总额	进口总额	差额	年份	进出口总额	出口总额	进口总额	差额
2000	249.89	155.29	94.60	60.69	2011	2359.91	1257.88	1102.03	155.85
2001	289.63	181.28	108.34	72.94	2012	2455.44	1287.31	1160.13	127.18
2002	339.41	211.15	128.26	82.89	2013	2671.58	1345.09	1326.48	18.61
2003	446.57	265.72	180.84	84.88	2014	2771.15	1447.45	1323.70	123.75
2004	607.31	358.72	249.08	109.64	2015	2417.48	1440.60	976.97	463.63
2005	768.88	462.51	306.37	156.14	2016	2342.07	1371.58	970.49	401.09
2006	952.88	586.47	366.41	220.06	2017	2630.56	1471.02	1159.54	311.48
2007	1226.17	752.43	473.74	278.69	2018	2923.90	1601.39	1322.51	278.88
2008	1581.44	931.74	649.69	282.05	2019	2962.84	1614.39	1348.44	265.95
2009	1386.03	795.65	590.38	205.27	2020	3184.47	1890.35	1294.11	596.24
2010	1889.60	1042.46	847.03	195.43					

数据来源：《山东统计年鉴》(2001～2021)。

2021 年山东省货物进出口总值为 29304.1 亿元，比上年增长 32.4%。其中，出口 17582.7 亿元，增长 34.8%；进口 11721.4 亿元，增长 29.0%。出口商品中，机电产品出口 7585.6 亿元，增长 35.8%，占全省出口总值的比重为 43.1%。对外贸易的飞速发展，带动了一批以对外高端智能制造、高科技光伏产业、承包工程出口等为代表的出口型产业的崛起，对外贸易对产业发展的带动作用不容小觑。同时，山东省对外贸易积极融入“一带一路”共建。2021 年山东省对“一带一路”沿线国家和地区进出口 9376 亿元，比上年增长 40.8%。其中，出口 5418.4 亿元，增长 39.7%；进口 3957.6 亿元，增长 42.2%。实际对外投资 17.9 亿美元。对外承包工程完成营业额 58.8 亿美元，增长 5.6%。[①]

① 2021 年山东省国民经济和社会发展统计公报[EB/OL].(2022-03-02)[2022-04-01]. http://tjj.shandong.gov.cn/art/2022/3/2/art_6196_10294366.html.

（三）进出口贸易结构

对外贸易结构变动与经济结构调整息息相关，相互促进。一方面，对外贸易可以有效推动产业结构由传统向现代转变。具体来讲，通过参与全球产业分工，增加高技术含量产品的出口比例，有助于产业结构从原始单一向多层次转变。另一方面，对外贸易可有效推动产业结构由低效率向高效率转变，即利用技术引进的优势在各产业部门采用高效的生产方法，争取在短期内实现产业现代化。对外贸易的外汇盈余为技术引进提供了资金条件，当技术改变发生在对外出口产品的部门，那么技术改善带来的产品竞争力又提高了对外贸易的主动权。

从出口贸易结构看，2010 年之前，山东省对外贸易一直维持以加工贸易和一般贸易为主、以机电产品出口为辅的贸易结构，纺织服装、农副产品等出口占比和增速都不高。2010 年以后，对外贸易结构发生了很大变化，来料加工贸易下降明显，而一般贸易交易额迅速增长。2020 年，山东省一般贸易出口额为 1385.38 亿美元，占比 73.3%（见图 3-9）。

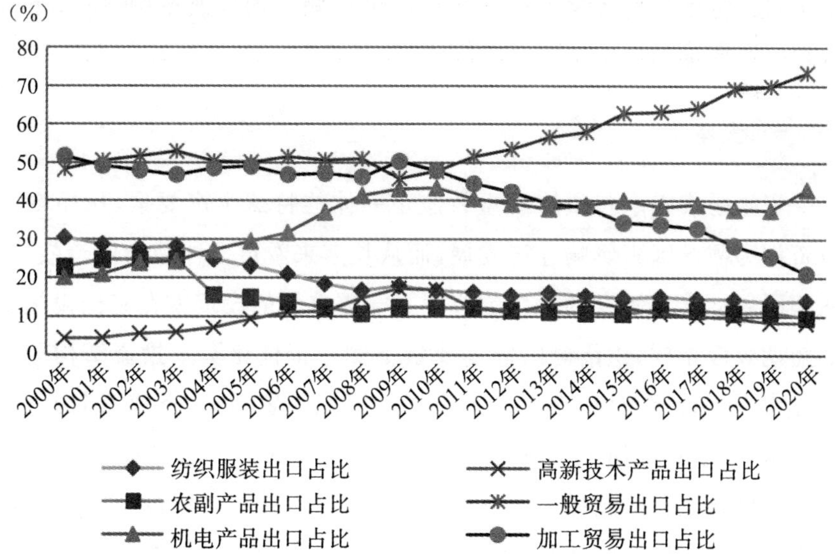

图 3-9　2000～2020 年山东省出口结构变化趋势

数据来源：《山东统计年鉴》（2001～2021）。

近年来，山东省逐步形成了一批以仪器仪表、矿山设备、汽车配件、家用电器为主的机电产品出口新集群。2021 年，山东省机电产品出口 7585.6 亿元，增长 35.8%，占出口总值的 43.1%，占比提升 0.3 个百分点，拉动出口增长 15.3 个百分点。其中，汽车零配件出口 1086.4 亿元，增长 18.6%；电子元件出口 435.4 亿元，增长 41.1%；游戏机及其零附件出口 518.7 亿元，增长 50.7%；家用电器出口 401.2 亿元，增长 21.3%。① 由此可以看出，山东省对外贸易结构和增长方式有所改善，逐步调整传统的来料加工和贴牌外贸模式，高新技术产品和高端机电产品等拥有自主知识产权产品的比重逐步提高，进出口贸易对山东经济的带动作用突显。

第二节　产业发展供给动力的动态演进分析

供给侧生产要素的投入是指资本、劳动力、能源、技术进步以及制度供给对经济增长的持续动能供给。在供给侧结构性改革中，应着重改善各种生产要素的供给结构，提升潜在的全要素生产率。

一、资本

资本是集需求与供给双重效应于一体的特殊生产要素，从短期来看投资作为需求因素影响经济发展，而从长期来看更多体现为供给效应，能从不同侧面推动潜在的新供给产生。与需求侧的投资重在基础设施建设的短期效应不同，供给侧的资本要素更侧重于优化资本投资结构和资本转化水平等长期效应，充分发挥市场的资源配置功能，形成有效投资、有效需求，以求从本质上解决经济长期增长需要的资本动力供给问题。

从优化资本投资结构看，一方面强调资本对公共服务、医疗保健、教育培训等方面的投入比重，通过提高劳动者的身体素质和教育水平进一步提高优质的人力资本存量和全要素生产率；另一方面，强化资本对技术

① 2021 年山东省机电产品出口 7585.6 亿元，增长 35.8%[EB/OL].(2022-01-08)[2022-04-01]. https://baijiahao.baidu.com/s? id=1722267675229839455&wfr=spider&for=pc.

研发的投入比重。因为新的技术要物化于人力资本和物质资本之上，只有通过在技术研发领域进行不断的资本积累，才能加速技术引进、研发与应用的步伐。在不断优化资本投资结构的过程中，促使资本保持推动经济发展所需要的源源不断的供给能力。2010～2020 年，山东省在教育培训、医疗保健、科技研发领域的投资比重不断攀升，分别增长 113%、150%、224%(见图 3-10)。2021 年山东省社会领域投资增长 11.8%，其中卫生和体育行业投资分别增长 45.8%和 53.1%，生态保护和环境治理业投资增长 23.1%。① 山东省不断优化资本投资结构和方向，社会保障和科技研发等领域投资力度不断加大，持续释放资本的动能供给和基础保障作用。

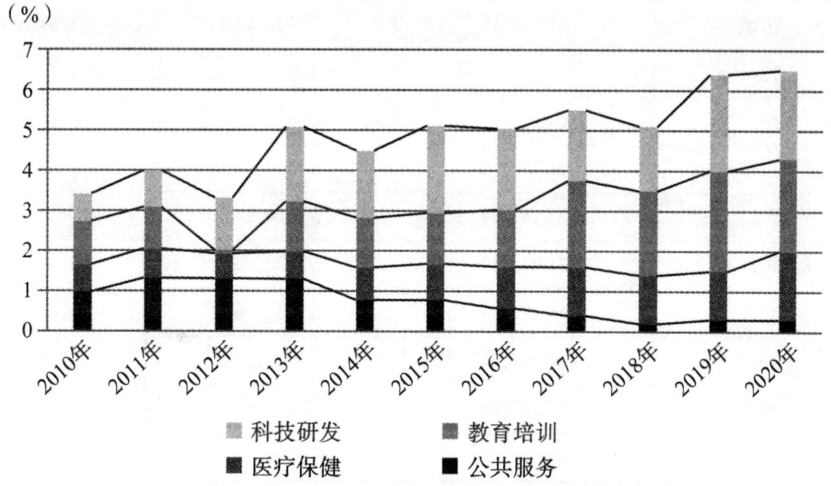

图 3-10　2010～2020 年山东省主要民生领域投资比重变动趋势

数据来源：《山东统计年鉴》(2011～2021)。

从深化资本转化水平看，资本积累是经济发展最基本的动力之一，在经济增长中起决定性的作用。只有储蓄转化为投资，并在经济增长中产生新的生产能力之后，储蓄才能真正转化为在经济增长中起基础性作用的资本。金融深化指标的变动主要表现为金融资产存量的品种、范围、规

① 2021 年山东省机电产品出口 7585.6 亿元，增长 35.8%[EB/OL].(2022-01-08)[2022-04-01]. https://baijiahao.baidu.com/s? id=1722267675229839455&wfr=spider&for=pc.

模以及金融资产与物质资产比重的变动。随着金融发展的进一步深化，金融资产将更多地来源于储蓄的转化，从而减少金融对国家财政收入的占用和对国际资本的依赖，金融的自主性和可控性增强。本书参考相关文献的研究，将金融相关比率（金融资产总量/GDP）作为金融深化指标，考察山东省金融发展水平（见表3-3）。

表3-3　山东省金融发展水平

	金融资产总量（亿元）	GDP（亿元）	金融相关比率
2007年	21143.40	22718.06	0.93
2008年	25952.70	27106.22	0.96
2009年	32907.01	29540.80	1.11
2010年	39750.48	33922.49	1.17
2011年	48371.34	39064.93	1.24
2012年	54067.01	42957.31	1.26
2013年	60782.69	47344.33	1.28
2014年	66442.44	50774.84	1.31
2015年	73975.17	55288.79	1.34
2016年	85128.31	58762.46	1.45
2017年	90988.77	63012.10	1.44
2018年	97241.48	66648.87	1.46
2019年	105598.33	70540.48	1.50

数据来源：《山东统计年鉴》（2008～2020）、《山东金融年鉴》（2008～2020）。

由表3-3可知，2007～2019年，山东省金融相关比率保持增长态势，从2007年的0.93%上升到2019年的1.5%，基本维持3%的年增长率。金融市场中的有价债券、保险、股票以及其他金融衍生工具更加丰富，客观地反映了资本市场的不断深化及其对经济发展形成了良好的推动作用。金融深化不能只追求规模的扩张和数量的增加，也需要判断其发展的水平和层次，均衡稳定的资本发展才能源源不断地为经济发展提供优质动能。

新常态下投资对经济增长的拉动力在逐步减弱，随着资本投资结构的不断优化和金融深化程度的不断提高，深化供给侧改革中资本的优化力度，重视资本投入的质量和结构，而不是过分追求资本投入的速度和规模，才能使资本长期保持有效的供给能力，这也是在供给侧改革中调整资本的意义所在。

二、劳动力

经济发展水平对劳动人口的数量和质量产生了深远影响，反过来，劳动力供给的水平和结构也成为影响经济增长的重要因素。改革开放以来，人口红利和由此带来的高储蓄率、高资本存量直接带动了经济增长。此外，人口红利还通过公共投资以及劳动生产率提升等对我国经济产生了正向促进作用。[①]

（一）劳动力供给结构

从全球劳动力转变的演进规律来看，人口红利会随着人口条件的变化而变化，如果人口结构发生重大改变，经济增长速度也会随人口红利的减少而逐渐变缓。安德鲁·梅森（Andrew Mason）于 1997 年提出的人口红利概念主要包含两项指标：一是劳动年龄人口数量多；二是社会抚养负担轻，少儿抚养比与老年人口抚养比是主要参数指标。[②] 抚养比是指非劳动年龄人口数与劳动年龄人口数之比，它度量了劳动力人均负担非劳动力人口数量，包括少儿抚养比和老年抚养比。抚养比越大，说明劳动力人均抚养人数越多，也意味着劳动力的抚养负担越重。老年抚养比能更清晰地考察社会进入老龄化的时间和速度。

山东省 2000～2020 年人口结构变动趋势显示，人口抚养比和劳动人口比重两个重要指标一直呈负相关。2010 年是山东人口结构的重要拐点，自此之后，劳动年龄人口出现大规模的缩减，而少儿和老人的抚养比迅速提高（见图 3-11）。第七次全国人口普查显示，山东常住人口总量比 2010 年增加 573 万人，是全国排名第二的人口大省，65 岁以上老人占比

① 金德环，赵海蕾.从人口红利到制度红利：中国经济持续增长的动力转换[J].河南社会科学，2018，26(4)：99-104.

② 林晓丹.黑龙江省人口变动趋势对经济社会影响及对策研究[J].北方经济，2022(3)：59-62.

15.13%,0～14 岁人口占比 18.78%,劳动力人口(15～64 岁)仅占比 66%,山东出现少子化和老龄化现象。随着抚养比上升和劳动人口的下降,山东省某些社会服务、制造业领域已经出现劳动力短缺的问题,第一次人口红利日渐式微,劳动力对经济增长的带动作用正在减弱。

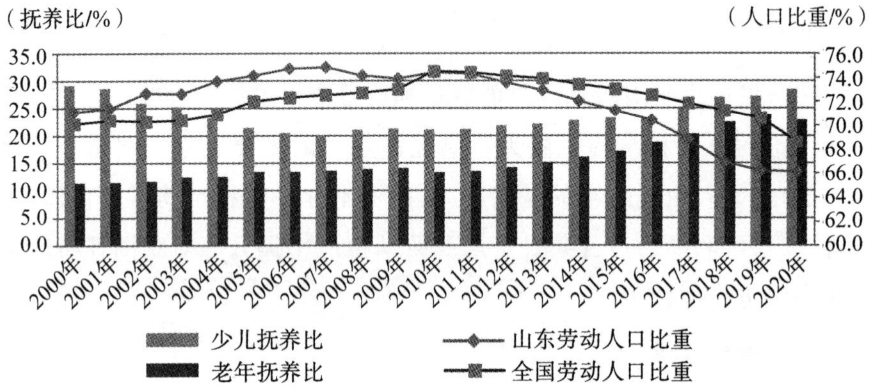

图 3-11　2000～2020 年全国和山东省劳动人口比重及抚养比变动趋势

数据来源:《中国统计年鉴》(2001～2021)、《山东统计年鉴》(2001～2021)。

(二)劳动力供给质量

随着经济总量的不断攀升,资本的边际收益递减,人力资本的质量与水平在一定程度上决定经济增长的速度。如果说第一次人口红利是结构红利和数量红利,那第二次人口红利则是基于劳动力供给结构调整带来的质量红利。因此,在新旧动能转换的关键时期,劳动力素质结构变化将通过影响科技进步、劳动力成本和消费结构为产业转型升级创造条件,是形成第二次人口红利的关键因素。本书选取 2020 年 GDP 排名与山东省相近的省市进行考察,发现山东省劳动力供给素质整体有所提升,但与先进省市相比还有差距。2020 年,山东省劳动人口中,高中及以下学历人口占比 74%,低于全国 76%的平均水平;大专及以上学历人员尤其是研究生学历的高层次人才稀缺,与北京、上海、广东等先进省市有明显差距(见图 3-12)。如何借助调整劳动力供给结构的有利时机,抓住人口机会窗口,快速有效地形成第二次人口质量红利,是山东省亟待关注和研究的问题。

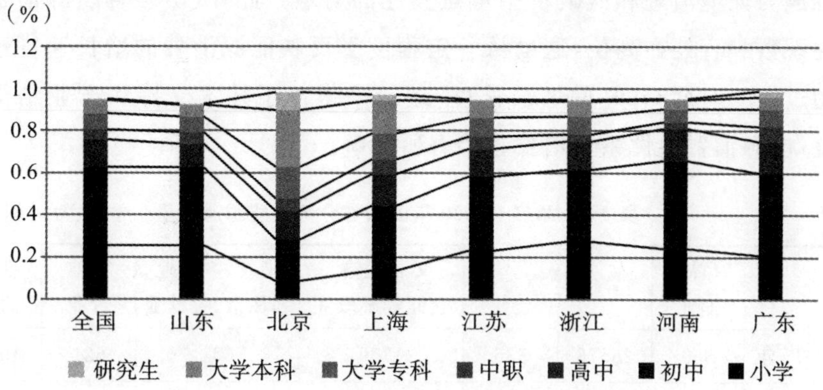

图 3-12 2020 年全国及部分省市受教育人口比重

数据来源:《中国教育统计年鉴》(2020)、《山东统计年鉴》(2021)。

三、能源

山东是传统的能源消费大省,伴随产业结构升级、经济发展速度放缓和增长动力转换等常态因素,传统粗放的经济增长模式带来的环境压力与日俱增,研究山东省如何摆脱长期依托传统能源消费形成的产业路径依赖、减轻环境压力具有重要意义。

(一)能源结构

山东省高碳产业比重较高,绿色产业结构有待调整。"十三五"期间,山东省产业结构进一步调整,产业结构的转移路径也更加清晰,生产要素和劳动力逐步向第二、三产业转移,技术密集型和知识密集型产业的比重也越来越大。2021 年山东三次产业结构调整为 7.3∶39.9∶52.8,其中第一产业增加值 6029 亿元,第二产业增加值 33187.2 亿元,第三产业增加值 43879.7 亿元,分别增长 7.5%、7.2%、9.2%。[①] 但 GDP 持续稳定增长也带来了大量的能源消耗,2011～2020 年山东省农林牧渔业能耗消费增长 59.4%,工业能耗增长 24.4%(见表 3-4)。石油冶炼、重化工、建筑材料、装备制造等是能源消费的重点产业,在带动山东经济增长的同时

① 2021 年山东省国民经济和社会发展统计公报[EB/OL].(2022-03-02)[2022-04-01]. http://tjj.shandong.gov.cn/art/2022/3/2/art_6196_10294366.html.

也成为环境治理和低碳转型重点关注的对象。此外，山东省能源消费弹性系数一直处在高位，这也从一定程度上反映能源消费的增长速度已经超过同一时期 GDP 的增长速度，近年来得益于技术支持和产业结构调整，能源消费弹性系数增长趋势有所缓解。

表 3-4 2011～2020 年山东省分行业能源消费量 单位：万吨标准煤

	农林牧渔业	工业	建筑业	交通运输、仓储和邮政业	批发、零售业和住宿、餐饮业	其他行业	生活消费
2011 年	360	25576	336	1739	662	621	1917
2012 年	408	26761	345	1773	680	685	2035
2013 年	420	28012	376	1799	650	790	2190
2014 年	437	8919	394	1860	673	793	2287
2015 年	474	30070	380	1926	699	830	2380
2016 年	535	31492	426	2068	854	1175	3585
2017 年	540	31139	430	2124	882	1268	3714
2018 年	550	31146	437	2188	928	1353	3976
2019 年	599	31293	481	2381	986	1454	4192
2020 年	574	31805	500	2037	978	1491	4439

数据来源：《山东统计年鉴》(2012～2021)。

（二）能源利用效率

2005～2020 年，山东能源强度呈下降趋势，从 2005 年的 1.61 下降到 2020 年的 0.57，降幅约 65%（见图 3-13），其快速下降得益于新型能源的开发利用、全要素生产率提高以及产业结构的优化升级。能源强度可以在一定程度上反映能源的利用水平和使用效率，是节能减排的重要参考指标。虽然山东能源强度降幅明显加快，但是与全国同期平均水平对比仍然偏高，预计在推动产业低碳转型以及能源有效管理的背景下，山东能源强度还有进一步下降的空间。

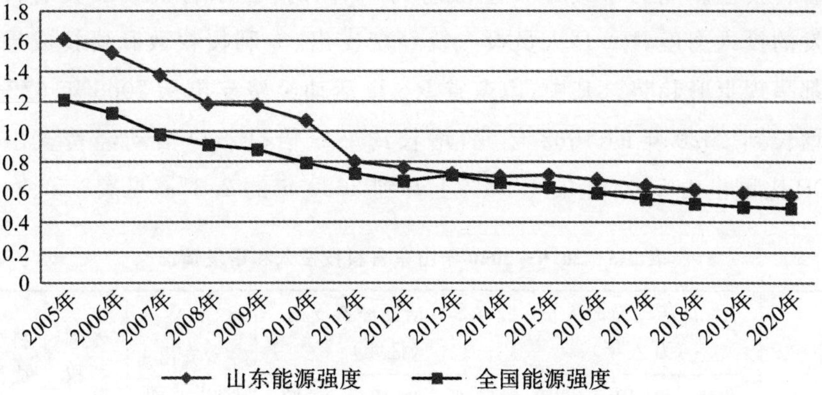

图 3-13　2005～2020 年山东能源强度与全国能源强度走势

数据来源:《中国统计年鉴》(2006～2021)、《山东统计年鉴》(2006～2021)。

四、技术进步

山东省进入工业增长后期,在经济新常态下,传统的依赖土地、劳动力投入为主的经济增长动力已经不足以支撑产业发展的速度,全要素生产率和增长率持续放缓,因此需要从产业自身演进中寻求由创新驱动和科技进步带来的新的产业发展动力。

(一)科技创新能力

科技要素可以有效提升一个地区或国家的经济发展水平,实现资源的有效整合,推动产业结构转型升级。创新能力是技术进步的基础和源泉,创新能力的高低决定产业竞争力的强弱,对经济增长起着不可替代的作用。

"十三五"期间,山东省区域创新能力继续保持全国第 6 位,青岛、济南跻身全国创新型城市第 10 位和第 14 位。2020 年,科技型中小企业入库数量达到 1.82 万家,居全国第 3 位;高新技术企业突破 1.46 万家,是 2015 年的 3.75 倍;高新技术产业产值占规模以上工业总产值的比重为 45.11%,比 2015 年提高 12.6 个百分点;年登记技术合同成交额突破 1953.92 亿元;万人发明专利拥有量达到 12.4 件,专利合作条约(PCT)的国际专利申请量达到 3013 件,分别是 2015 年的 2.53 倍和 3.6 倍,山东省科技创新能力继续走在全国前列。[①] 同时，山东省继续加大对科技研发的投入力度，R&D 人员投入及经费支出、专利授权数和科技成果数量都呈现上升趋势。其中，山东省 R&D 活动经费支出从 2005 年 672 亿元增长到 2020 年的 1682 亿元，增长约 2.5 倍；R&D 活动经费支出占 GDP 比重也由 2005 年的 1.98%上升到 2020 年的 2.3%（见表3-5）。

表 3-5　2010～2020 年山东省科技投入和研发情况

	R&D 活动全时人员（万人年）			R&D 活动经费支出（亿元）			R&D 活动经费支出占 GDP 比重（%）	专利授权（项）	科技成果（项）
	基础研究	应用研究	试验发展	基础研究	应用研究	试验发展			
2010 年	0.94	2.00	16.07	13.28	36.60	622.11	1.98	51490	2367
2011 年	1.12	1.97	19.76	18.82	54.16	771.38	2.16	58843	2379
2012 年	1.21	2.19	22.00	22.40	64.40	933.52	2.38	75522	2393
2013 年	1.35	2.28	24.28	26.44	68.64	1080.71	2.48	76976	2332
2014 年	1.41	2.54	24.67	24.39	79.46	1200.21	2.57	72818	2955
2015 年	1.46	2.52	25.79	29.74	77.41	1320.02	2.58	98101	3011
2016 年	1.62	2.75	25.76	36.44	89.78	1439.86	2.67	98093	3016
2017 年	1.77	3.02	25.68	40.53	100.19	1612.27	2.78	100522	2537
2018 年	1.86	3.42	25.53	48.94	111.20	1483.17	2.47	132382	1791
2019 年	2.13	3.27	22.46	57.34	99.34	1338.03	2.12	146481	2552
2020 年	2.31	3.48	28.31	50.36	111.51	1520.00	2.30	238778	2342

数据来源：《中国科技统计年鉴》(2011～2021)、《山东统计年鉴》(2011～2021)。

此外，山东省科技创新环境也不断优化，政策红利不断释放。《山东省"十四五"科技创新规划》提出一系列深化科研机构改革、鼓励科技创新、激发创新主体活力的政策措施，同时对"十四五"时期科技创新的主要指标提出了明确要求，逐步形成科技创新全面融入、支撑经济快速发展的新格局。由此可以看出，山东省政府和企业对科技研发投入越来越大，企

① 山东省人民政府关于印发山东省"十四五"科技创新规划的通知[EB/OL].(2021-09-13)[2022-04-01]. http://www.shandong.gov.cn/art/2021/9/13/art_107851_116563.html.

业创新活力也被充分激发出来，科技创新能力逐渐成为推动新旧动能转换的重要原动力。

（二）全要素生产率

全要素生产率作为评价经济增长的重要指标，可以考察单一产业在不同时间、不同地区的使用效率。全要素生产率的增长率被视为科技进步的主要指标，技术进步、科技创新以及制度创新都可以促成全要素生产率的增长。山东省全要素生产率的具体分析见本书第四章第一节，此处不做赘述。

五、制度供给

制度供给是经济增长过程中新动力的引擎，培育发展新动能的关键在于体制机制改革。健全的制度环境能不断激发创新活力，更有利于社会提升生产效率，推动技术进步，提高人力资本的素质。山东省应在原有的制度框架内不断实行制度创新，促进生产进程中交易成本的降低，持续释放改革活力和制度红利，使制度变迁成为推动经济增长的重要原动力。

（一）宏观层面

近年来，山东省进一步理顺政府与市场的关系，让市场在资源配置中充分发挥基础性作用，同时在发展战略规划、创新驱动发展、新旧动能转换、财政金融保障、绿色低碳发展、知识产权保护等方面加强制度供给（见表3-6），从而为推动山东省经济社会高质量发展提供制度保障和发展动力。

表 3-6　山东省重点领域的主要发展规划和政策措施

	发布时间	发文字号	文件名称	政策要点
发展战略规划	2022 年 2 月	—	《山东省黄河流域生态保护和高质量发展规划》	明确山东推动黄河流域生态保护和高质量发展的战略定位和总体目标，对生态保护建设、环境污染治理、水资源节约利用、防灾减灾、创新发展、生态产业、基础设施建设、绿色生态农业、文化保护、对外开放等重点领域提出具体战略规划。

续表

	发布时间	发文字号	文件名称	政策要点
发展战略规划	2022年1月	鲁政发〔2021〕24号	《山东半岛城市群发展规划（2021～2035年）》	明确建设山东半岛城市群的总体目标和战略布局，推进三大经济圈一体化发展，深度融入发展战略。在推动供需平衡、打造对外开放高地、推进新型城镇化与乡村振兴、增强创新驱动、增强体制机制创新、改善民生等重点领域提出具体的实施方案。
	2021年4月	鲁政发〔2021〕5号	《山东省国民经济和社会发展第十四个五年规划和2035年远景目标纲要》	明确山东省未来五年经济社会发展的总体目标、主要任务、重大举措和未来十五年远景规划，是全省人民共同的行动纲领。
	2018年1月	发改地区〔2018〕67号	《山东新旧动能转换综合试验区建设总体方案》	充分发挥山东在全国新旧动能转换中的先行先试作用，为全国新旧动能转换提供经验借鉴。
创新驱动发展	2022年4月	鲁政办字〔2022〕28号	《“十大创新”2022年行动计划》《“十强产业”2022年行动计划》《“十大扩需求”2022年行动计划》	推进落实“三个十大”行动计划，在十大创新领域、十强产业以及十大需求落实牵头部门，相关部门深化联动推进，主动解决行动计划实施中的难点、堵点问题。同时结合山东省实际，谋划推出山东省政策清单，形成对“三个十大”行动计划的政策支撑。
	2021年7月	鲁政办字〔2021〕56号	《关于支持青岛西海岸新区进一步深化改革创新加快高质量发展的若干措施》	充分发挥青岛西海岸新区深度参与黄河流域生态保护和高质量发展、海洋强省建设、全球海洋中心城市建设，该措施为支持青岛西海岸新区进一步深化改革创新、加快高质量发展提出十二条政策措施。

续表

	发布时间	发文字号	文件名称	政策要点
创新驱动发展	2021年9月	鲁政字〔2021〕164号	《山东省"十四五"科技创新规划》	该规划全面加强科技创新部署,提出"十四五"时期科技创新的总体布局和主要目标,并在相关领域提出政策支撑,推动高水平创新型省份建设跃上新台阶。
	2020年10月	鲁政办字〔2020〕141号	《山东省人民政府办公厅关于强化科技创新支撑乡村振兴的意见》	加快构建适应高产、优质、高效、生态、安全农业发展要求的技术体系,实施精准创新,实施科技赋能乡村振兴战略,在加快产业技术创新、加强绿色发展、强化人才队伍建设、完善科技平台、促进成果转化等方面提出政策意见。
新旧动能转换	2021年5月	发改地区〔2021〕645号	《济南新旧动能转换起步区建设实施方案》	明确新旧动能转换起步区的发展目标和功能定位,提出人才、土地、投融资、项目支撑、管理机制等政策支撑。
	2018年9月	鲁政办字〔2018〕166号	《济南市新旧动能转换重大工程实施规划》《青岛市新旧动能转换重大工程实施规划》《烟台市新旧动能转换重大工程实施规划》	明确济南、青岛、烟台新旧动能转换重大工程的发展目标和定位,制定新旧动能转换的主要指标和重点领域,并提出相关的政策保障。
	2019年8月	鲁财基金〔2019〕9号	《山东省新旧动能转换项目基金管理办法》	制定山东新旧动能转换项目的申报条件、资金使用流程和管理办法,对项目基金执行有关的政策规定,享受相关的优惠政策。
	2018年5月	—	《关于建立新旧动能转换重大工程协调推进体系的工作方案》	构建新旧动能转换重大工程的推进体系,明确推进机制和推进重点。对"十强"产业,逐一构建"6个1"的推进体系;对"放管服"、高层次人才、重大基础设施三大支撑,逐一建立"3个1"的推进体系。

续表

	发布时间	发文字号	文件名称	政策要点
新旧动能转换	2017 年 11 月	—	《中共山东省委 山东省人民政府关于做好人才支撑新旧动能转换工作的意见》	实施精准人才工程，建立引才、用才机制，实施人才培养模式，打造创新创业体系，营造人才生态环境，实现人才支撑新旧动能转换的新局面。
	2018 年 2 月	鲁政发〔2018〕7 号	《山东省新旧动能转换重大工程实施规划》	明确山东省新旧动能转换重大工程的发展目标和定位，制定新旧动能转换的主要指标、重点领域、发展布局，并在相关领域出台政策保障。
财政金融保障	2022 年 2 月	鲁财工〔2022〕3 号	《山东省省级工业转型发展资金管理办法》	规范和加强省级工业转型发展资金的使用管理，明确工业转型发展重点领域，加强预算执行和管理。
	2021 年 3 月	鲁人社规〔2021〕2 号	《山东省创业带动就业扶持资金管理办法》	明确资金筹集和使用范围，加强资金管理和监督，健全完善促进创业带动就业的保障制度。
	2020 年 10 月	鲁政字〔2020〕221 号	《关于支持八大发展战略的财政政策》	明确八大发展战略财政政策的责任单位和具体实施细则，充分发挥财政职能作用，精准支持实施八大发展战略，推进新时代现代化强省建设。
	2019 年 7 月	鲁财金〔2019〕25 号	《山东省省级金融发展资金管理暂行办法》	明确山东省省级金融发展资金的预算编制、执行和监督细则，旨在提高财政资金使用绩效。
	2019 年 7 月	鲁财工〔2019〕10 号	《山东省省级服务业发展引导资金管理暂行办法》	明确山东省省级服务业发展引导资金的服务重点、执行方案以及监督管理，旨在支持全省服务业的发展。

续表

	发布时间	发文字号	文件名称	政策要点
财政金融保障	2020年3月	鲁政办字〔2020〕27号	《关于深化金融“放管服”改革进一步提升金融服务水平的意见》	深化金融“放管服”改革，提升金融服务水平，在提高民营小微企业及“三农”融资可得性、推动企业综合融资成本合理下行、多渠道缓解企业融资抵押担保难问题、提高金融服务便捷性、进一步优化金融生态环境等方面提供政策支持。
绿色低碳发展	2019年9月	鲁财资环〔2019〕11号	《关于建立财政涉企资金“绿色门槛”制度的实施意见》	实行财政涉企资金“绿色门槛”制度，明确优先支持和不予支持的范围，从建立协商机制、强化信息共享、明确职责分工和加强宣传指导四个方面给予政策支持。
	2018年3月	鲁财建〔2018〕21号	《山东省省级建筑节能与绿色建筑发展专项资金管理办法》	加强和规范省级建筑节能与绿色建筑发展专项资金管理，充分发挥财政资金的激励引导作用，由省级财政预算安排，专项用于支持发展绿色建筑与装配式建筑、开展建筑节能改造等各项工作的资金。
	2017年12月	鲁政发〔2017〕43号	《山东省低碳发展工作方案（2017～2020年）》	明确绿色低碳转型的方向，并制定具体政策措施，对高碳行业实施新旧动能转换，同时培育低碳发展新动能，完善保障机制，监督目标落到实处。
知识产权保护	2021年7月	鲁政办字〔2021〕78号	《山东省“十四五”知识产权保护和运用规划》	明确山东省“十四五”时期知识产权保护的主要任务、目标和重大工程，并提供相应的政策保障。
	2017年12月	鲁知管字〔2017〕82号	《山东省知识产权示范企业认定管理办法》	明确山东省知识产权示范企业的基本条件、申报程序以及管理办法，旨在着力培育一批具有核心竞争能力的知识产权示范企业。
	2016年12月	鲁政发〔2016〕38号	《山东省知识产权强省建设实施方案》	明确知识产权强省的主要目标和重点任务，深化知识产权领域改革，强化知识产权保护和运用，优化知识产权公共服务，着力促进知识产权与创新驱动发展战略实施的深度融合。

（二）微观层面

制度供给的主体是政府，山东省在政府职能转变的基础上，通过简政放权、放管结合的方式，进一步减少和取消行政审批事项，清除经济增长进程中的各种体制机制障碍（见表 3-7）。

表 3-7　山东省转变政府职能的主要政策措施

	发文字号	文件名称	政策要点
2018 年	鲁政办字〔2018〕161 号	《山东省人民政府办公厅关于成立山东省推进政府职能转变和“放管服”改革协调小组的通知》	山东省推进政府职能转变，成立“放管服”改革协调小组并将其作为省政府议事协调机构，协调推动解决重点难点问题，指导督促各地区各部门落实改革措施，更大限度地激发市场活力，调动人的积极性和社会创造力。
2017 年	鲁质监许发〔2017〕50 号	《山东省质量技术监督局关于简政放权深化行政审批制度改革的意见》	深入贯彻推进“放管服”改革部署，通过扩大委托受理范围、简化许可申请材料、鼓励管理机制创新、推行在线预先服务指导、试点推行无纸化受理、规范受理及信息纠错工作等措施，提升政府服务品质。
2016 年	鲁政办字〔2016〕73 号	《2016 年推进简政放权放管结合优化服务转变政府职能工作方案》	简政放权，创新政府管理方式，进一步深化行政审批、投资审批改革，推进职业资格、收费清理、商事制度改革，强化监督优化服务。
2014 年	鲁民〔2014〕6 号	《山东省民政厅关于确定具备承接政府职能转移和购买服务条件的社会组织指导意见》	明确承接政府转移职能和购买服务的社会组织应具备的条件以及承接的程序与方式，积极推动社会组织参与社会公共服务。
2013 年	鲁政发〔2013〕15 号	《山东省人民政府关于推进政府职能转变简政放权减少行政许可的意见》	理顺政府部门职责关系，简政放权。减少和下放行政审批事项，减少和规范行政管理事项，优化职能配置，改革完善社会组织体制机制，进一步加强依法行政，完善和加强宏观管理。

第三节　山东产业发展动力演进中存在的主要问题

随着新旧动能转换战略的深入推进，作为新旧动能转换综合试验区，山东省明确主攻方向，优化产业布局，完善产业链条，壮大实体经济，新旧动能转换态势向好，在增加有效供给、满足市场需求、支撑经济增长、带动就业、促进结构调整等方面发挥了积极作用。但全球经济下行，投资、消费、净出口拉动乏力，需求动能后劲不足，资本、劳动力等要素投入放缓，供给要素约束加重，全要素生产率下降，优化转型压力加大，体制机制障碍依然存在以及制度供给迫切需要改革等，都不同程度地阻碍了山东省新旧动能转换重大战略的实施。从需求和供给两个层面对山东省产业发展动力演进过程中的重要数据进行对比分析，可以看出，山东省产业发展动力结构主要存在以下几方面的问题。

一、全球经济增长放缓，国内经济面临下行压力

从国际经济走势看，近几年全球经济贸易、制造业生产和投资消费信心都呈现下降趋势。随着新冠肺炎疫情在全球蔓延，世界经济陷入困局。从国内经济形势看，经济全面进入工业化中后期，经济发展动能发生重大改变，经济增长由主要依靠劳动力、资本等要素投入转变为主要依靠科技创新和技术进步。虽然新经济发展速度迅猛，但无法弥补传统动能下滑引起的缺口，新动能发展不足与传统动能衰退的矛盾依然十分突出。因此，面对全球经济低迷和国内经济下行的双重压力，加快经济结构转型升级是推动山东经济发展的必由之路，而转型升级的关键在于培育发展新动能，加快新旧动能的顺利转型。

二、经济发展动力不足，产业结构亟待调整

产业发展不是单一动力作用的结果，而是多种动力相互融合、相互渗透、相互作用的结果。在不同发展阶段，产业发展动力来源也不尽相同。

经济发展初期，山东省主要依靠要素投入和政府投资以保持高速增长，因此该发展模式决定了现阶段产业结构状态和发展速度。近年来，投资刺激的副作用逐步显现，大量的投资致使某些制造行业产能严重过剩，投资率大幅度下降，深层次体制机制和结构性矛盾突出，过去依靠劳动、土地、资源等要素带动的传统动能模式已经难以为继，产业发展动力结构亟待调整。因此，山东省要继续深化供给侧结构性改革，引导市场释放扩大供给信号，通过供给和需求结构调整达到供给侧与需求侧的平衡。

三、"三架马车"拉动乏力，需求动能后劲不足

山东省在相当长的一段时间内需求拉动一直呈现出"高投资、低消费、低出口"的态势，但近几年随着全球经济下行以及投资边际效益递减，由高投资主导的需求结构正在发生变化，消费在需求侧动能中所占份额逐步上升。但总体来看，需求对山东经济增长的拉动作用明显后劲不足。未来山东省基础设施虽有升级需求，但空间将逐渐缩小，产业投资随着商务成本上升也将难以遏制继续下滑的趋势，房地产投资将进入拐点，因此未来投资难以保持快速增长，投资对全省经济增长的拉动作用将逐渐弱化，而消费对经济增长的拉动作用将会大大提升。但随着住房、医疗、教育成本上升，居民的消费意愿和购买力下降，或进一步引发内需不振，导致经济增长放缓。

四、资本、劳动力等要素投入放缓，供给要素约束加重

从供给侧来看，改革开放以来，资本和劳动力等要素投入为山东经济发展提供了充足的发展动力，但随着经济进入新常态，经济发展所面临的资源约束越来越大，资本要素和劳动要素的供给约束越来越重。本书选取山东省 2000～2020 年三次产业资本存量和从业人员数两个指标考察资本要素投入和劳动要素投入的变动趋势（见图 3-14、图 3-15）。其中，资本存量按 OECD 国家广泛采用的永续盘存法进行测算。

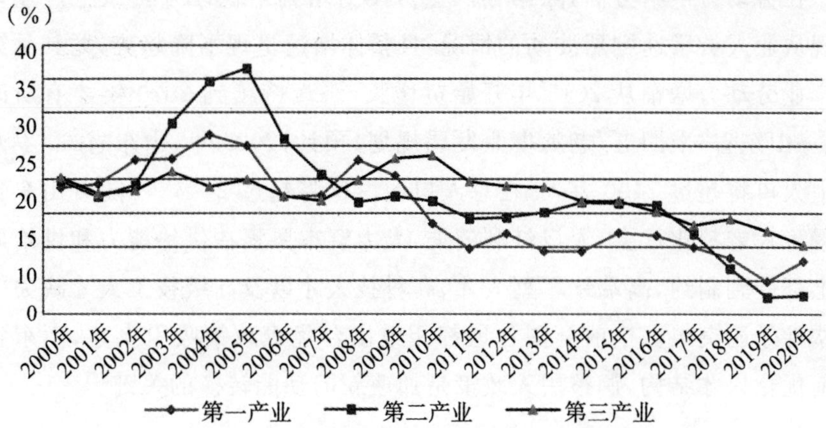

图 3-14　2000～2020 年山东省三次产业资本存量增速变动趋势

数据来源:《中国统计年鉴》(2001～2021)、《山东统计年鉴》(2001～2021)。

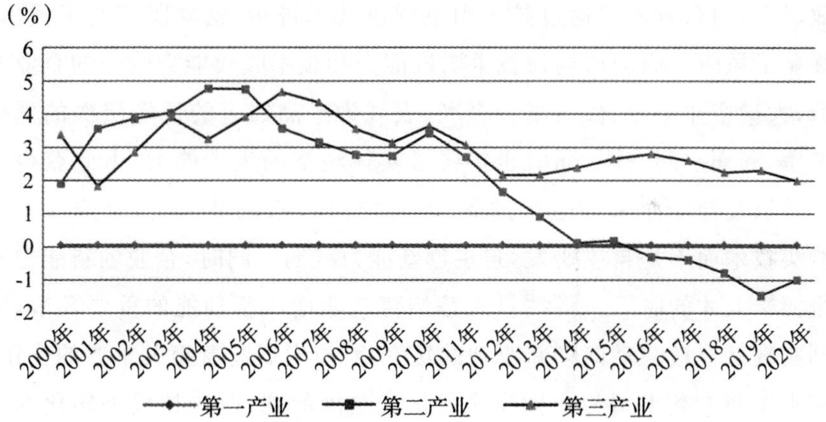

图 3-15　2000～2020 年山东省三次产业从业人员增速变动趋势

数据来源:《中国统计年鉴》(2001～2021)、《山东统计年鉴》(2001～2021)。

在资本供给方面,2000～2020 年,山东省三次产业资本存量增速波动明显并整体呈现大幅度下降趋势。其中第一产业资本存量增速于2004 年达到峰值 26.63%,随后出现大幅度下降;第二产业资本存量于2005 年达到峰值 36.52%,随后出现下跌态势;第三产业资本存量增速波动幅度较为平缓。此外,资本市场发展缓慢、资本服务企业的效率不高以及金融机构的整体性不强等也是制约山东省实体经济发展的重要因素。

在劳动力供给方面，除第一产业劳动力增幅平稳以外，二、三产业均出现从业人员增速剧烈波动的情况，且整体增速呈现下降趋势，尤其是第二产业劳动力增幅从2015年开始负增长，一直持续到2020年才有所改善。《山东省“十四五”老龄事业发展规划》预计，2025年，山东省60岁及以上人口将超过2400万人，在总人口中占比将超过24%。[①] 随着山东省缓慢步入老龄化社会，人口红利消失，人力资本要素在供给能力和供给质量上都受到制约，高端领军型人才、高科技人才以及高级技工人才缺失等结构性矛盾突出。当前全国各地都相继出台优惠政策吸引人才，山东省如何优化人才结构、调整用人政策是加速新旧动能转换的关键。

五、企业缺乏创新活力，发展动力有待提高

科技创新能力是企业发展的基础，也是企业不断前行的动力。改革开放以来，山东省主要通过技术引进促进技术进步，这样既节约了成本，又规避了风险。但当市场被技术引进能力和技术吸收能力较强的企业开发后，大量企业追随、模仿进行套利，表现为产品锁定的低端层次的低成本竞争，利润空间有限，同时也扩张了实体经济的生产能力，由此获得规模效益以及伴随而来的生产过剩。[②] 在资金有限的情况下，企业优先选择购买技术而不是自主研发，自主创新能力减弱。同时，企业创新能力不足也源于人才的匮乏。科技投入是培育产业增长新动能的重要环节，要顺利实现从要素驱动向创新驱动的转变，科技发展起着至关重要的作用。山东省发明专利申请和商标注册数量居全国前列，但科技成果转化率较低，知识产权保护也有待加强，尤其随着电子商务和网络零售的发展，侵权行为时有发生，举证难、成本高、赔偿低等突出问题制约着行业创新的动力。

六、机制体制不健全，产业发展活力受限

一是政府在经济发展中的定位不清晰。改革开放以后，以政府主导

① 山东发布“十四五”老龄事业发展规划，将建设老年友好型社会[EB/OL].(2021-12-29)[2022-04-01]. https://baijiahao.baidu.com/s? id=1720446452129851509&wfr=spider&for=pc.

② 伍茜溪.供给侧视角下经济发展新动能培育探析[J].云南财经大学学报，2018(4):11-19.

的经济结构发生深刻变化，市场逐步取代政府并在生产要素调节分配过程中起主导作用。一直以来，山东省通过扶持主导产业发展，解决了长期以来供给严重不足的问题，实现了经济快速发展。随着经济发展进入新常态，这种以政府扶持为主的发展方式抑制了市场的作用，导致产业结构失衡，非主导产业的发展活力受到限制，进而造成行业垄断、非公平竞争、产业结构失衡等诸多问题。

二是服务型政府建设不到位，尤其针对部分新兴行业市场准入壁垒较多，审批手续繁杂，监管过于严苛，不利于新经济的培育壮大。

三是尚未建立适应新经济发展的监管新模式。新动能往往代表一种新的经济模式，对其监管应有别于以往的传统模式。目前，与山东新经济相适应的监管新模式仍在摸索过程中。如面对“互联网＋”、共享经济、自由经济、社交经济等新经济形式，在治理恶性竞争、隐私泄露、侵权、无序发展等问题时，需要探索与之相匹配的新管理模式。

第四章　山东产业发展动力的测算与分解

改革开放以来，山东省抓住发展的机遇期，实现了经济飞速发展，逐步形成了完备的产业链，“四新”产业迅猛发展。但伴随着经济发展进入新常态，人口红利消失，资本边际报酬下降，对外开放带来的技术赶超空间收窄，传统粗放的动能结构面临严峻挑战。如何实现经济高质量发展是摆在我们面前的一大难题。

全要素生产率的变化可以概括为技术效率和技术进步变化的结果，技术效率的改善代表了对前沿的赶超，而技术进步的改善代表自主创新的结果。[①] 本书借助 DEA-Malmquist 模型和索洛余值法，对山东省全要素生产率进行测算和动力结构解析，阐释经济增长的效率并在此基础上分析资本要素、劳动要素、技术进步对经济增长的贡献度，找出新旧动能转换的着力点，进而提出经济高质量发展的努力方向，为山东省制定相关政策奠定实证基础。

第一节　基于 DEA-Malmquist 方法的全要素生产率测算

全要素生产率（Total Factor Productivity，TFP）是衡量单位总投入

① 肖文，潘家栋，陈昊.新常态下中国经济发展动力转换研究[M].北京：人民出版社，2020：62.

和单位总产量的生产率指标，表示为总产出与全部生产要素之比。[①] 全要素生产率作为评价经济增长的重要指标，可以考察单一产业在不同时间、不同地区的使用效率。全要素生产率的增长率被视为科技进步的主要指标，技术进步、科技创新以及制度创新都可以促成全要素生产率的增长。

一、DEA-Malmquist 法的全要素生产率计量模型

全要素生产率的测算主要有参数法和非参数法两种测算思路。相较于随机前沿生产函数等参数法，DEA-Malmquist 非参数法不具备统计特征，固定的前沿面忽略了样本之间的差异性等，但其不需要对生产函数的形式做先行假设条件，不涉及投入产出的数量和价格信息，且通过一阶差分消除了样本同方向的变化从而有效地弱化了数据质量对结果的影响。[②] 因此，本书采用 DEA-Malmquist 非参数法对山东省制造业全要素生产率进行测算。

（一）Malmquist 模型

Malmquist 模型是通过测算距离函数得出 TFP 增长来源。在 t 时期的技术条件下，从 t 时期到 $t+1$ 时期的 TFP 为：

$$M^t = D_c^t(x^{t+1}, y^{t+1}) / D_c^t(x^t, y^t)$$

其中，x 表示投入变量，y 表示产出变量，D 为距离函数，可解释为全要素生产率在 t 时期的实际值与前沿生产面之间的比值。同理，在 $t+1$ 时期的技术条件下，从 t 时期到 $t+1$ 时期的 TFP 可以表示为：

$$M^{t+1} = D_c^{t+1}(x^{t+1}, y^{t+1}) / D_c^{t+1}(x^t, y^t) \tag{4.1}$$

全要素生产率指数 ΔTFP 用两者的几何平均数表示为：

$$\Delta TFP = \left[\frac{D_c^t(x^{t+1}, y^{t+1})}{D_c^t(x^t, y^t)} \times \frac{D_c^{t+1}(x^{t+1}, y^{t+1})}{D_c^{t+1}(x^t, y^t)}\right]^{\frac{1}{2}} \tag{4.2}$$

若 $\Delta TFP > 1$，表明从 t 期到 $t+1$ 期，全要素生产率是增长的；若

---

① 刘雅君.供给侧结构性改革视角下东北经济振兴动力机制优化——基于制造业的实证分析[J].社会科学研究，2016(11)：25.

② 傅勇，白龙.中国改革开放以来的全要素生产率变动及其分解(1978-2006 年)——基于省际面板数据的 Malmquist 指数分析[J].金融研究，2009(7)：38-51.

$\Delta TFP<1$，表示全要素生产率是下降的；若 $\Delta TFP=1$，则表示全要素生产率没有变化。

（二）DEA 模型

DEA 模型是以相对效率概念为基础，以凸分析和线性规划为工具的一种评价方法，可以有效地处理多输入多输出的综合评价。DEA 模型主要有 C^2R 和 BC^2 两个基本模型，两者的区别在于假设条件的不同，C^2R 模型假设规模报酬不变，而 BC^2 模型假设规模报酬可变。BC^2 模型将综合技术效率分解为纯技术效率和规模效率，并且综合技术效率＝纯技术效率×规模效率，模型如下：

$$\min_{\theta,\lambda}\theta$$

$$st.\begin{cases}-y_i+Y\lambda\geqslant 0\\ \theta x_i-X\lambda\geqslant 0\\ I1'\lambda=1\\ \lambda\geqslant 0\end{cases}$$

其中，X 是投入变量，Y 是输出变量，θ 是效率值，λ 为 $N\times 1$ 向量。若 $\theta=1$ 且投入的“超量”和产出的“亏量”都为零，说明该决策单位 DMU 为 DEA 有效；若只有 $\theta=1$，说明该决策单位 DMU 为弱 DEA 有效，即此时的经济活动没有同时实现技术效率最佳和规模效率最佳；若 $\theta<1$，说明该决策单位 DMU 为非 DEA 有效，即决策单位的经济活动既不是技术效率最佳也不是规模效率最佳。

二、全要素生产率动态效率分析

（一）指标评价体系构建和数据处理

全要素生产率的测算是一个复杂的过程，涉及投入、产出两个维度的多项指标。本研究参照相关文献进行指标选取①，数据来源于《中国统计年鉴》《中国科技统计年鉴》《中国工业统计年鉴》《山东统计年鉴》。

① 龚雪，荆林波．基于 DEA-Malmquist 模型的中国省域物流效率研究——来自省际面板数据的实证分析[J].河北经贸大学学报，2019，40(5)：60-69.

首先是山东省 TFP 增长的测算。笔者将 1999～2017 年山东省资本、劳动作为投入变量,将实际 GDP 作为产出变量,考察全要素生产率变动趋势。其中,劳动要素投入选用年底从业人数,考虑到统计数据为年底数据,因此将前后两年的就业人数进行算术平均,求得年中平均就业人数。资本投入用资本存量来衡量,采用永续盘存法进行测算。永续盘存法计算公式为:

$$K_t = \frac{I_t}{P_t} + (1-\delta)K_{t-1} \tag{4.3}$$

其中,K_t 是 t 期的资本存量;I_t 是 t 期按当年价格计算的投资总额,采用学界通用的“固定资本形成总额”指标;P_t 是 t 期的价格指数,采用统计局公布的“固定资产投资价格指数”指标,以基期计算不变价格指数;δ 是综合折旧率(一般认定为 5%)。计算过程中,以基期固定资产投资价格指数对固定资本形成总额进行平减,以消除价格对投资总额的影响。此外,基期资本存量 K_0 的估算方法参照单豪杰等提出的估算方法[①],计算公式为:

$$K_0 = \frac{I_0}{(g+\delta)} \tag{4.4}$$

其中,g 为样本期真实投资的年平均增长率。

其次是山东省三次产业和制造业 TFP 增长的测算。鉴于数据的可得性和代表性,以“固定资产投资额”代替“固定资本形成总额”,作为资本要素投入指标,同样用基期固定资产投资价格指数对其进行平减。具体评价指标如表 4-1 所示。

表 4-1　山东省三次产业和主要制造业全要素生产率动态测算指标体系

	指标分类	指标构成	单位
投入指标	劳动要素投入	全部从业人员数	万人
		三次产业年底就业人员数	万人
		制造业年均从业人数	万人

① 单豪杰,师博.中国工业部门的资本回报率:1978-2006[J].产业经济研究,2008(6):1-9.

续表

	指标分类	指标构成	单位
投入指标	资本要素投入	固定资本形成总额	亿元
		三次产业固定资产投资额	亿元
		制造业固定资产投资额	亿元
产出指标	经济效益	地区生产总值	亿元
		三次产业地区生产总值	亿元
		制造业利润总额	亿元

(二)实证分析

1.山东省 TFP 增长动态分析

本书设定 1999 年数据为基期数据,选取 1999～2017 年面板数据,样本总观测值为 216(18×12)个。对山东省当年 GDP,以 GDP 平减指数进行平减。GDP 平减指数的计算基础比 CPI 更为广泛,它涉及全部的商品和服务,除消费外还包含各种生产要素,如资本、劳务、进出口商品等,因此这个指标更能代表一般物价走向,也更容易剔除通货膨胀和时间趋势的影响。Malmquist 模型测算的是 t 期到 $t+1$ 期生产效率变化,2000～2017 年山东省全要素生产率分析如表 4-2 所示。

表 4-2　2000～2017 年山东省全要素生产率分析

	技术效率 EFF	技术进步 TECH	纯效率 PE	规模效率 SE	Malmquist 指数
2000 年	0.991	1.001	0.999	0.991	0.992
2001 年	1.014	0.994	1.001	1.013	1.007
2002 年	1.001	1.000	1.000	1.001	1.001
2003 年	0.973	1.015	1.000	0.973	0.987
2004 年	0.986	1.002	1.000	0.986	0.988
2005 年	1.025	0.954	1.000	1.025	0.978
2006 年	1.013	0.978	1.000	1.013	0.991

续表

	技术效率 EFF	技术进步 TECH	纯效率 PE	规模效率 SE	Malmquist 指数
2007 年	1.011	0.997	1.000	1.011	1.008
2008 年	0.997	0.986	1.000	0.997	0.983
2009 年	1.006	0.979	1.000	1.006	0.985
2010 年	1.011	0.988	1.000	1.011	0.999
2011 年	1.009	1.008	1.000	1.009	1.018
2012 年	1.011	1.004	1.000	1.011	1.016
2013 年	1.013	1.015	0.999	1.014	1.029
2014 年	1.011	1.011	1.001	1.010	1.022
2015 年	1.007	1.004	1.000	1.007	1.012
2016 年	0.995	1.013	1.000	0.995	1.009
2017 年	0.991	1.001	0.999	0.991	1.019
总体均值	1.004	0.997	1.000	1.004	1.001

从整体上看，山东省全要素生产率经历了 2000～2010 年的阶段性下跌，进入 2011 年以后，基本保持上行的趋势。

技术进步反映的是生产技术、设备或工艺等的革新改进，产生一种比原有技术更加先进的新技术，技术进步的实现更多是依靠购买和引进先进的机器设备等固定资产，其实质是资本引致型技术进步。技术效率体现的是用知识和创新对旧技术进行创造改良，使得旧技术的生产效率大幅度提高，它不属于引进新技术范畴，其实质是知识和创新驱动下的生产效率的提高。[①] 2000～2017 年山东省 Malmquist 指数及其分解效率见图 4-1。

① 肖文，潘家栋，陈昊.新常态下中国经济发展动力转换研究[M].北京：人民出版社，2020：63.

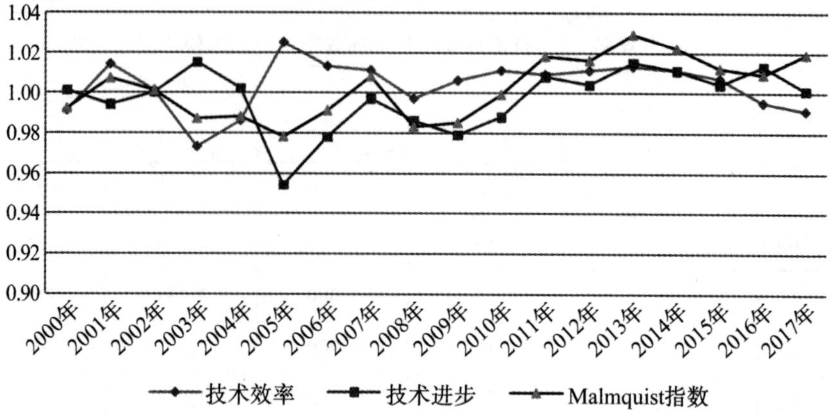

图 4-1　2000～2017 年山东省 Malmquist 指数及其分解效率的变动趋势

2000～2004 年，技术效率均值为 0.993，技术进步均值为 1.002，技术进步明显优于技术效率，但该阶段 Malmquist 指数仍然处于下降趋势。可以推断，该阶段先进设备带动的效率增长不足以弥补缺乏技术革新带来的效率下降，Malmquist 指数下降主要是由技术效率下降所致。2005～2017 年，技术效率的均值为 1.008，而技术进步的均值为 0.995，技术效率的优势越来越明显，这一阶段 Malmquist 指数上升主要归功于技术效率的提升，由创新驱动和技术变革推动的技术效率升级在推动山东经济增长方面发挥突出作用。

2.山东省三次产业 TFP 增长动态分析

在山东经济发展的不同阶段，全要素生产率对产业增长的贡献也是不同的。从图 4-2 可以看出，山东省三次产业 TFP 增长率整体震荡上行。其中，第一产业 TFP 增长率震荡幅度较大，因为农业受科技投入以及科技创新的影响最为敏感，技术进步对农业的拉动作用明显；第二产业 TFP 增长率趋势相对平缓，2005 年、2015 年到达阶段性最低值；第三产业 TFP 增长率自 2010 年后基本保持平稳，该阶段第三产业的迅速发展成为带动山东经济增长的主要动力。

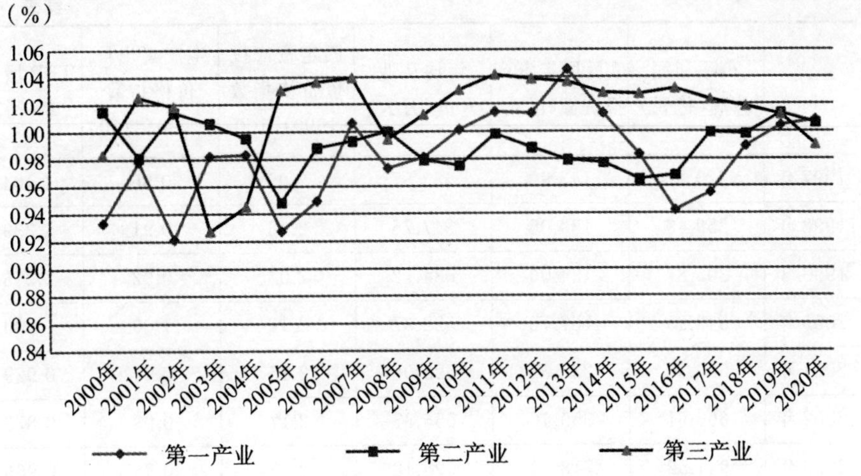

图 4-2 2000～2020 年山东省三次产业 TFP 增长率变动趋势

3.山东省制造业 TFP 增长动态分析

下文以 1990 年数据为基期数据，对山东省制造业 TFP 增长进行动态分析。对于山东省制造业当年固定资本形成总额、利润总额数据，采用基期生产者出厂价格指数、固定资产投资价格指数对其进行平减，以消除价格和时间因素对数据的影响。山东省制造业 TFP 相关指标如表 4-3 所示。

表 4-3 1990～2019 年山东省制造业 TFP 相关指标

	实际利润总额(亿元)	实际固定资产投资额(亿元)	年均从业人员(万人)	固定资产投资价格指数(1990＝100)	生产者出厂价格指数(1990＝100)	TFP 增长率(%)
1990 年	35.59	45.22	393.44	1.00	1.00	—
1991 年	47.02	86.93	411.01	1.12	1.00	0.932
1992 年	62.76	117.36	419.83	1.34	1.04	1.137
1993 年	77.12	114.48	569.20	1.64	1.16	1.069
1994 年	103.99	113.11	642.92	1.90	1.17	1.276
1995 年	143.17	127.16	648.66	2.02	1.10	1.293
1996 年	210.14	145.02	644.56	2.09	0.98	1.379

续表

	实际利润总额（亿元）	实际固定资产投资额（亿元）	年均从业人员（万人）	固定资产投资价格指数（1990＝100）	生产者出厂价格指数（1990＝100）	TFP 增长率（％）
1997 年	229.27	143.99	633.87	2.09	0.96	1.104
1998 年	259.49	139.06	547.76	2.08	0.91	1.239
1999 年	305.87	134.06	534.72	2.07	0.92	1.215
2000 年	543.95	167.72	522.37	2.12	1.00	1.609
2001 年	599.34	235.61	523.08	2.15	0.94	0.929
2002 年	666.51	359.46	556.37	2.17	0.93	0.873
2003 年	941.52	718.09	595.42	2.23	0.98	0.966
2004 年	1401.11	925.99	690.15	2.40	1.00	1.217
2005 年	2210.41	2179.57	738.23	2.47	0.98	0.994
2006 年	2724.96	2206.14	788.11	2.52	0.97	1.186
2007 年	3476.18	2411.40	830.53	2.62	0.98	1.189
2008 年	3825.65	2436.30	912.70	2.82	1.03	1.044
2009 年	5078.06	2978.40	926.60	2.73	0.89	1.191
2010 年	6033.35	3454.00	931.50	2.83	1.01	1.100
2011 年	7090.35	3561.67	859.77	3.02	1.00	1.205
2012 年	8626.54	4158.19	918.46	3.05	0.93	1.089
2013 年	9378.75	4988.00	948.23	3.06	0.93	0.977
2014 年	9517.09	6084.72	929.69	3.07	0.93	0.928
2015 年	9635.58	6966.56	915.12	3.00	0.90	0.954
2016 年	9484.10	7878.76	869.37	2.97	0.93	0.950
2017 年	8158.34	7211.54	811.18	3.14	1.00	0.931
2018 年	4976.60	6960.60	696.02	3.33	0.98	0.670
2019 年	3880.76	4664.87	484.22	3.43	0.94	1.142

在全球经济增长放缓的背景下，资本配置效率和劳动配置效率都出现不同程度的下降，第二产业尤其是制造业增长空间受到挤压。1990～2019 年，山东省制造业 TFP 增长率呈阶段性震荡趋势。分析其原因，一

方面全球金融危机导致出口减少，部分企业调整生产规模，但仍有部分资本和劳动力以不充分方式继续生产，因此导致生产要素利用效率不高，TFP增长率下降。另一方面，为应对金融危机，政府推出刺激经济的各项举措，在一定程度上干扰价格机制和资源配置，从而影响TFP增长速度。2010年之后山东省制造业TFP增长率下降，原因归结为资本配置效率和劳动配置效率的双重下降。随着资源红利衰减、资本边际报酬下降和对外开放带来的技术赶超空间收窄等不利因素的影响，山东省制造业潜在增长速度持续下滑，依靠劳动力、土地、投资等要素带动的传统动能模式亟待调整。

三、全要素生产率增长静态分析

（一）指标评价体系构建和数据处理

下文对山东省制造业TFP增长进行DEA静态分析，选取2020年山东省制造业细分行业的利润总额、新产品销售收入作为产出变量，选取制造业的固定资产投资总额、全部从业人员年平均人数、R&D经费内部支出作为投入变量（见表4-4），综合考察山东省制造业生产效率的变动情况。

表4-4　山东省制造业全要素生产率静态测算评价指标体系

	指标分类	指标构成	变量单位
投入指标	劳动要素投入	全部从业人员年平均人数	万人
	资本要素投入	固定资产投资总额	亿元
	科技创新投入	R&D经费内部支出	万元
产出指标	经济效益	制造业利润总额	亿元
	创新效益	新产品销售收入	万元

（二）实证分析

采用DEAP 2.1对山东省制造业细分行业的全要素增长率进行分析，具体数据如表4-5所示。

表 4-5　2020 年山东省制造业细分行业全要素生产率变动趋势

	综合效率 CRSTE	技术效率 VRSTE	规模效率 SCALE	变动趋势
农副食品加工业	0.901	0.906	0.995	irs
食品制造业	0.802	0.805	0.996	irs
酒、饮料和精制茶制造业	0.695	0.794	0.875	irs
纺织业	0.469	0.563	0.834	irs
纺织服装、服饰业和制鞋业	0.849	0.909	0.934	irs
木材加工及木竹、藤、棕、草制品业	0.902	1.000	0.902	irs
家具制造业	0.854	1.000	0.854	irs
造纸及纸制品业	0.975	1.000	0.975	irs
印刷和记录媒介复制业	0.695	1.000	0.695	irs
文教、工美、体育和娱乐用品制造业	0.510	0.695	0.735	irs
石油、煤炭及其他燃料加工业	1.000	1.000	1.000	—
化学原料和化学制品制造业	0.771	1.000	0.771	drs
医药制造业	1.000	1.000	1.000	—
化学纤维制造业	0.416	0.675	0.617	irs
橡胶和塑料制品业	0.683	0.689	0.991	irs
非金属矿物制品业	1.000	1.000	1.000	—
黑色金属冶炼及压延加工业	0.744	0.811	0.917	drs
有色金属冶炼及压延加工业	1.000	1.000	1.000	—
金属制品业	0.487	0.493	0.988	irs
通用设备制造业	0.645	0.645	0.999	—
专用设备制造业	0.684	0.684	1.000	—
汽车制造业	1.000	1.000	1.000	—
铁路、船舶、航空航天和其他运输设备制造业	0.852	0.880	0.968	irs
电气机械及器材制造业	0.702	0.706	0.993	irs
计算机、通信和其他电子设备制造业	0.666	0.668	0.996	irs
仪器仪表制造业	0.444	0.546	0.814	irs

续表

	综合效率 CRSTE	技术效率 VRSTE	规模效率 SCALE	变动趋势
其他制造业	0.484	1.000	0.484	irs
废弃资源综合利用业	0.980	1.000	0.928	irs
均值	0.756	0.838	0.902	

注："irs"表示规模收益递增，"—"表示规模收益不变，"drs"表示规模收益递减。

1.制造业综合效率分析

综合来看，山东省制造业综合效率呈现明显的两极分化。部分行业处于领先水平，石油、煤炭及其他燃料加工业，医药制造业，非金属矿物制品业，有色金属冶炼及压延加工业，汽车制造业等综合效率为1，说明这些产业投入产出达到DEA有效，生产效率较高。部分行业如农副食品加工业，木材加工及木竹、藤、棕、草制品业，造纸及纸制品业，家具制造业，铁路、船舶、航空航天和其他运输设备制造业等行业综合效率在0.85以上，生产效率维持在较高水平。个别行业综合效率在0.5以下，其中，仪器仪表制造业、化学纤维制造业、纺织业综合效率只维持在4%左右。制造业细分行业综合效率之所以出现这样的差距，不仅与山东省自然资源禀赋有关，也与传统优势制造业传承有关。石油石化、煤炭、钢铁等重工业一直以来都是山东省的支柱产业，但重工业化的产业结构也为山东省推动供给侧改革和实现新旧动能转换带来了巨大的挑战。

2.制造业技术效率与规模效率分析

技术效率是在剔除规模报酬因素的影响下分析投入产出情况，而规模效率是将规模报酬因素考虑在内。[①] 山东省制造业非DEA有效有可能单纯是技术因素或者规模因素引起的，也有可能是两者共同的作用。山东省制造业细分行业的规模效率均值高于技术效率均值，说明山东省制造业全要素生产率降低主要归结于企业缺乏先进技术和科学管理，导致投入产出结构不合理。具体来讲，技术效率等于1，而规模效率小于1

① 龚雪.基于DEA-Malmquist模型的中国省域物流效率研究——来自省际面板数据的实证分析[J].河北经贸大学学报，2019(5)：64-65.

的行业，如家具制造业、造纸及纸制品业，重视企业技术改进而忽视产业规模调整，应该根据收益增加或减少产量，提高综合效率；规模效率等于1，而技术效率小于1的行业，如专用设备制造业，企业规模合理，但缺乏技术创新，应该重视科技投入，提高自主创新能力，通过提高技术效率，改善投入产出比例。

制造业是国民经济的主体，实现制造业高质量发展，对于山东省乃至全国经济发展都具有十分重要的意义。山东省制造业要以供给侧改革作为切入点，以新旧动能转换为契机，推动制造业高质量发展。一是继续推动供给侧结构性改革，提升制造业技术效率；二是推动制造业集群化发展，提升制造业规模效率；三是构建制造业政策保障体系，提升制造业政策效应，以此推动山东省制造业实现高质量发展。

第二节　基于索洛余值法的产业发展动力分解

本节利用索洛余值法对山东经济增长动力进行解析，明确经济增长进程中资本、劳动、技术进步等要素的变动趋势及其对经济增长的贡献程度，在此基础上，进一步分析山东省新旧动能转换的着力点。

一、索洛余值法

索洛余值法以柯布-道格拉斯生产函数为基础，创立了以增长速度方程为模型，以余值法定量测算技术进步作用的新方法。索洛余值是在假定规模报酬不变的前提下，经济增长扣除资本、劳动、土地等有形生产要素增长而剩余的纯技术进步的生产率的增长。[①] 这部分经济增长可能受益于知识进步、技术提高、规模经济、管理能力提高、制度完善、环境改善等具体因素，但并非完全归结于此，可能还包括一些非具体化的技术进步。

① 吴雷，曾卫明.基于索洛余值法的装备制造业原始创新能力对经济增长的贡献率测度[J].科技进步与对策，2012，29(3)：70-73.

假定经济增长符合总量生产函数，则公式为：

$$Y_t = A_t K_t^{\alpha} L_t^{\beta} \tag{4.5}$$

其中，Y_t 为总产出，A_t 为全要素生产率，K_t^{α} 为资本要素投入，L_t^{β} 为劳动要素投入，α 为资本要素贡献份额，β 为劳动要素贡献份额，同时满足 $\alpha+\beta=1$，即符合假定前提，规模报酬不变。对式(4.5)两边取自然对数，可得：

$$\ln Y_t = \ln A_t + \alpha \ln K_t + (1-\alpha)\ln L_t \tag{4.6}$$

将(4.6)式由 t 期推导到 $t+1$ 期，可得：

$$\ln Y_{t+1} = \ln A_{t+1} + \alpha \ln K_{t+1} + (1-\alpha)\ln L_{t+1} \tag{4.7}$$

将式(4.6)与式(4.7)相减，可得 t 期到 $t+1$ 期的索洛余值，即在经济增长中扣除因资本要素和劳动要素投入增加而增长的部分，剩余的这部分增长主要是由技术进步带来的，其增长率也就是全要素生产率增长率，公式如下：

$$\frac{\Delta A_t}{A_t} = \frac{\Delta Y_t}{Y_t} - \alpha \frac{\Delta K_t}{K_t} - (1-\alpha)\frac{\Delta L_t}{L_t} \tag{4.8}$$

$\alpha+\beta=1$，规模报酬不变，由式(4.6)可得：

$$\ln(Y_t/L_t) = \ln A_t + \alpha \ln(K_t/L_t) \tag{4.9}$$

对式(4.9)进行显著性检验，如果通过检验，可以得到 α 值和 β 值。式(4.8)可变换为：

$$G_A = G_Y - \alpha G_K - (1-\alpha)G_L \tag{4.10}$$

其中，G_A 为全要素生产率增长率，G_Y 为总产出增长率，G_K 为资本要素投入增长率，G_L 为劳动要素投入增长率。因此，技术进步、资本要素、劳动要素对经济增长的贡献度分别为：

$$E_A = G_A/G_Y \times 100\% \tag{4.11}$$

$$E_K = \alpha G_K/G_Y \times 100\% \tag{4.12}$$

$$E_L = \beta G_L/G_L \times 100\% \tag{4.13}$$

二、指标估算体系构建和数据处理

笔者以 1990～2017 年山东省投入产出数据作为分析对象，数据主要来源于《中国统计年鉴》《山东统计年鉴》等重要统计资料。其中，资本要素投入选用资本存量指标来衡量，资本存量采用永续盘存法进行测算。在测算过程中，选取固定资本形成总额作为指标数据，利用基期固定资产投资价格指数对固定资本形成总额进行平减测算，以消除价格因素、经济变动趋势对投资总额的影响。劳动要素投入选取行业从业人员数作为指标数据，将前后两年的就业人数进行算术平均，求得年中平均就业人数。产出数据选用实际 GDP，通过基期 GDP 平减指数对当年 GDP 数值进行平减，得到实际 GDP 数值，消除时间和价格对 GDP 数据的影响。

三、基于索洛余值法的产业发展动力分解

（一）全要素生产率增长率测算

以 1990 年数据为基期数据，对山东省当年 GDP、固定资本形成总额分别以 GDP 平减指数、固定资产投资价格指数进行平减。以规模报酬不变为前提假设，把 1990～2017 年山东省投入、产出数据代入公式(4.9)，借助软件 SPSS 23.0 对其进行 OLS 回归分析。在回归分析前，首先对经济增长模型进行显著性水平检验，结果见表 4-6。

表 4-6　显著性检验

模型		非标准化系数		标准化系数	t	显著性
		B	标准误差			
1	（常量）	−0.345	0.009	0.999	−36.516	0.000
	Ln(K/L)	0.692	0.006		107.574	0.000

由表 4-6 可知，显著性检验结果小于 0.05，通过显著性检验。调整后的 $R^2=0.998$，可以共同解释 99.8%的变异量。式(4.9)的标准化形式为：

$$\ln(Y_t/L_t)=-0.345+0.692\ln(K_t/L_t) \tag{4.14}$$

资本的产出弹性 $\alpha=0.692$，根据规模报酬不变的假设，经济增长满足条件 $\alpha+\beta=1$，得出劳动的产出弹性 $\beta=0.308$，即山东省资本要素投入每增长 1%，可以带动经济增长 0.692%，而劳动要素投入每增长 1%，可以带动经济增长 0.308%。经过测算，山东省全要素生产率估算结果见表 4-7、图 4-3。

表 4-7　1990～2017 年山东省全要素生产率分解的相关指标

	实际 GDP（亿元）	实际资本存量（亿元）	年均就业人员（万人）	固定资产投资价格指数（1990＝100）	GDP 平减指数（1990＝100）	TFP 增长率（%）
1990 年	1511.19	1793.86	3991.75	1.00	1.00	—
1991 年	1732.08	2198.62	4131.25	1.12	1.05	－2.07
1992 年	2024.90	2653.70	4260.95	1.34	1.08	－0.28
1993 年	2437.11	3145.41	4340.95	1.64	1.14	5.16
1994 年	2832.83	3633.98	4380.70	1.90	1.36	3.63
1995 年	3228.71	4180.89	4794.75	2.02	1.53	0.04
1996 年	3617.82	4818.37	5217.40	2.09	1.63	－1.91
1997 年	4019.15	5545.88	5241.70	2.09	1.63	－1.08
1998 年	4451.23	6387.47	5271.80	2.08	1.58	－1.50
1999 年	4897.31	7340.60	5301.15	2.07	1.53	－2.03
2000 年	5362.05	8464.78	5350.70	2.12	1.54	－2.95
2001 年	5866.08	9679.39	5408.80	2.15	1.55	－2.30
2002 年	6511.35	11125.95	5470.55	2.17	1.55	－1.18
2003 年	7214.58	12887.77	5525.60	2.23	1.51	－2.07
2004 年	8116.41	15151.41	5581.70	2.40	1.64	－1.75
2005 年	9139.07	18075.41	5655.80	2.47	1.74	－3.10
2006 年	10263.18	21535.69	5722.75	2.52	1.85	－3.25
2007 年	11484.50	25314.12	5779.95	2.62	1.98	－2.34
2008 年	12598.49	29482.82	5809.35	2.82	2.15	－3.58
2009 年	13833.14	34626.25	5829.90	2.73	2.14	－4.23
2010 年	15271.79	40400.12	5892.35	2.83	2.22	－3.15
2011 年	16905.87	46497.44	5927.50	3.02	2.31	－1.49
2012 年	18545.74	52966.90	5903.50	3.05	2.32	－1.35
2013 年	20289.04	59913.30	5866.00	3.06	2.33	－0.96

续表

	实际 GDP（亿元）	实际资本存量（亿元）	年均就业人员（万人）	固定资产投资价格指数（1990＝100）	GDP 平减指数（1990＝100）	TFP 增长率（%）
2014 年	22013.60	66841.72	5819.00	3.07	2.31	－0.59
2015 年	23730.67	74217.03	5785.50	3.00	2.33	－0.91
2016 年	25491.66	81802.03	5750.50	2.97	2.31	－0.63
2017 年	27357.79	88757.11	5710.50	3.14	2.30	0.66

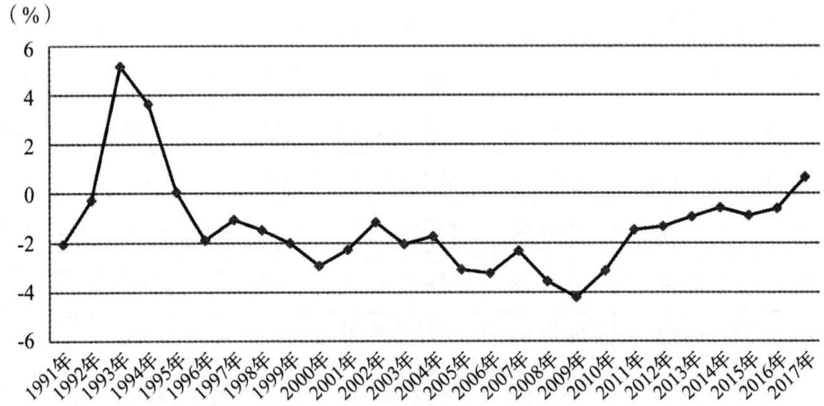

图 4-3　1991～2017 年山东省全要素生产率增长率变动趋势

根据估算结果，1991～2017 年山东省全要素生产率增长率均值为－1.30%，整体呈现震荡上行后缓慢调整的状态。具体来讲，山东全要素生产率增长率主要经历了以下四个阶段。

剧烈波动期（1991～1997 年）。该时期内，山东全要素生产率增长率波动剧烈且呈现快速上涨后快速下跌态势。20 世纪 90 年代初期，社会主义市场经济初建，我国明确了在社会主义初级阶段以公有制为主体的多种所有制经济共同发展的战略规划，生产力获得极大的解放和提升，也刺激了各种要素的快速增长，同时隐藏在体制背后的深层次矛盾也表现出来，这必然导致全要素生产率在这一阶段发生快速而剧烈的波动。

平稳调整期（1998～2007 年）。该时期内，山东全要素生产率增长率处于相对平稳状态。1996～2000 年，山东全要素生产率增长率缓慢下降，山东经济在飞速发展之后出现全面生产能力过剩的问题。1998 年亚洲金融危机爆发，山东很多行业和企业都面临有效需求不足的局面，出现产能过剩和价格下滑的情况；国有企业改革也进入攻坚阶段，国有企业减员和通货紧缩在一定程度上限制了劳动力和资本的有效供给，这些因素都引发了全要素生产率增长率的进一步下跌。2000 年以后，下跌趋势逐步缓解并转而上升，2002 年 TFP 增长率达到阶段性最高水平。2001 年中国加入 WTO，贸易壁垒降低，山东对外贸易获得了长足发展，带动了山东经济的总体增长。同时，外商独资、中外合资企业纷纷涌现，加速了大量资本、劳动力、人才等要素资源的流转，在一定程度上提升了全要素生产率。

下跌调整期（2008～2012 年）。受 2008 年全球金融危机的影响，2009 年山东全要素生产率增长率出现 1991 年以来的最低值－4.23%。随着国家应对全球经济危机出台的扩内需、促增长政策逐步生效，山东经济进入调整修复期。虽然部分对外业务受全球环境影响出现效率下降的趋势，但整体经济复苏回暖，TFP 增长率止跌回升。

调整上升期（2013 年后）。该时期内，山东全要素生产率增长率稳步爬升，经济发展形势看好。2013 年国家继续推行积极的财政政策和稳健的货币政策，适当增加财政赤字和国债规模。山东省政府也相继出台政策，减税降费，政府投资规模不断扩大，资本和消费对经济增长的带动作用逐步增强。同时，山东省劳动力供给的质量和层次进一步提升，借助调整劳动力供给结构的有利时机并抓住人口机会窗口，快速有效地形成第二次人口质量红利。目前，山东省抓住黄河流域生态保护和高质量发展以及新旧动能转换综合试验区建设的重大战略契机，进一步调整产业增长结构和经济发展方式，全要素生产率将会有更大的发展潜力和提升空间。

（二）全要素生产率对经济增长贡献度分析

在估算全要素生产率增长率的基础上，下文进一步分析资本要素、劳动要素以及科技进步对经济增长的贡献程度，明确经济增长的动力结构和方向。

以1990年数据为基础，把1990～2017年山东省投入、产出数据代入公式(4.11)、(4.12)、(4.13)，可以得出1991～2017年山东省技术进步、资本要素、劳动要素对经济增长的贡献率，结果见表4-8、图4-4。

表4-8　1991～2017年山东省要素投入对经济增长的贡献率　单位：%

	要素投入贡献率总和(%)	资本要素增长贡献率(%)	劳动要素增长贡献率(%)	TFP增长贡献率(%)
1991年	114.62	74.00	27.81	12.81
1992年	116.91	71.45	27.17	18.29
1993年	120.36	68.15	26.07	26.14
1994年	116.24	68.78	26.74	20.72
1995年	113.97	69.85	29.58	14.54
1996年	112.05	71.17	29.91	10.97
1997年	111.09	71.70	27.85	11.54
1998年	110.75	71.96	27.97	10.82
1999年	110.02	72.28	28.15	9.59
2000年	109.49	72.88	28.39	8.21
2001年	109.40	72.33	28.46	8.61
2002年	111.00	71.66	28.06	11.28
2003年	110.80	72.34	28.08	10.38
2004年	112.50	72.32	27.66	12.53
2005年	112.60	73.32	27.72	11.57
2006年	112.30	73.42	27.75	11.13
2007年	111.90	72.69	27.80	11.41
2008年	109.70	73.47	28.22	8.01
2009年	109.80	74.02	28.15	7.63
2010年	110.40	73.13	28.20	9.07
2011年	110.70	71.95	27.99	10.77
2012年	109.70	71.86	27.96	9.88
2013年	109.40	71.55	27.97	9.88

续表

	要素投入贡献率总和(%)	资本要素增长贡献率(%)	劳动要素增长贡献率(%)	TFP 增长贡献率(%)
2014 年	108.50	71.15	28.16	9.19
2015 年	107.80	71.28	28.41	8.12
2016 年	107.42	71.00	28.50	7.92
2017 年	107.32	69.96	28.50	8.86

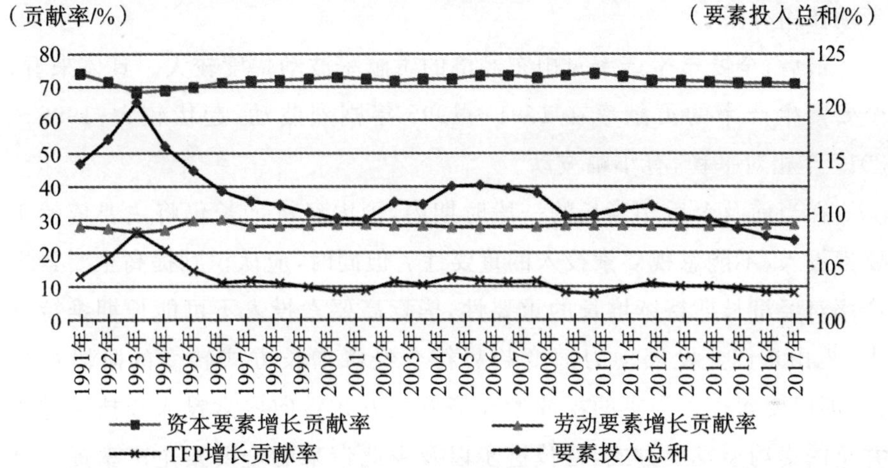

图 4-4　1991～2017 年山东省要素投入对经济增长贡献度变动趋势

1991～2017 年，山东省资本、劳动、TFP 对经济增长的贡献率均值分别为 72%、28%、11%，要素投入对经济的带动作用高达 90%以上。由此可见，山东经济增长的动力主要来源于要素投入，其中资本投入对经济增长起主导作用，充分说明山东经济增长方式仍然停留在要素依赖的粗放型经济增长模式，全要素生产率对经济的带动作用不显著。

首先，资本要素投入对山东经济增长一直维持较高的贡献度，由此导致经济增长方式对资本形成了路径依赖。分析其原因，一方面与山东经济所处的发展阶段有关。改革开放以来，资本不断投入和深化，经济增长对投资的依赖日益加深。另一方面，近年来，国内需求相对不足已经成为经济生活中的突出问题，为了解决这一问题，在扩大内需，加大固定资产投资力度,以投资带动产业增长的政策指引下,投资成为推动经济增长的主要力量,使得经济对投资的依赖性持续加强。但随着山东省新旧动能转换战略的推进,以资本为主导的经济增长方式逐步改善,资本贡献率也在不断下降。

其次,劳动要素投入对山东经济一直维持较为稳定的低贡献率,总体起伏不大。2010 年以后,山东省劳动人口比重呈快速下降趋势,总抚养比大幅升高,山东省某些社会服务、制造业领域已经出现劳动力短缺问题,从侧面反映出山东省第一次人口红利日渐式微,劳动力对经济增长的带动作用有限。

最后,全要素生产率对山东经济的贡献率波动幅度较大。具体来看,全要素生产率的贡献率在 1991～1995 年剧烈波动,起伏较大;1996～2017 年相对平稳,有小幅波动。

在当前及今后相当长的一段时期内,国内经济增长仍将主要依赖于要素投入,不能忽视要素投入的重要性。但同时,应认识到提高全要素生产率对经济长期持续增长的重要性,毕竟高要素投入不可能长期维持下去。[①] 山东产业发展动力演变趋势符合经济增长方式转变的阶段性规律,即以要素投入为主的粗放型经济发展方式转向要素投入和技术进步并重的集约型发展方式,科技进步以及由此带来的全要素生产率提升已经成为经济增长的重要动力来源。因此,山东省政府一方面通过不断释放制度红利推动创新驱动,逐步完善创新体系,提高产业科技创新能力;另一方面理顺政府与市场的关系,让市场在要素配置中起决定性作用,优化资源配置,提升技术效率,从而促进经济增长方式的转变。

① 郭庆旺,贾俊雪.中国全要素生产率的估算:1979-2004[J].经济研究,2005(6):51-60.

第五章　山东新旧动能转换的动力结构评价

本章在研究变革期产业成长的一般机理的基础上，解析山东省产业发展动力的演进规律，尝试从供给动力、需求动力、制度动力三个方面构建山东省产业发展动力的新格局。本章利用 AHP＋PCA 分析模型，从需求、供给、制度三个层面构建山东省新旧动能转换的动力结构评价体系，对 2019 年山东省 16 个城市产业动力结构的 21 项指标进行综合评价，筛选出影响城市新旧动能转换的主动力因子并给予评价，验证山东省新旧动能转换的普遍规律和潜在动力。

第一节　新旧动能转换动力结构评价指标体系

一、评价体系的构建原则

构建动力结构评价指标体系是考察山东省新旧动能转换的前提。完整的指标评价体系既要考察指标体系的层次性、融合性、代表性，又要兼顾具体指标的可量化性、可采集性、可操作性，尽量使每个指标都能在评价体系中发挥应有的作用。同时，评价体系也要做到主观性与客观性相融合，既能体现新旧动能转换期的特殊时代要求，又要以山东省产业发展数据为基础，客观反映这一段时期内山东省产业发展动力演进的特征和规律。

二、评价方法

评价体系采用层次分析法与主成分分析法相结合的评价方法，既以产业客观演进数据为基础，又结合了新旧动能转换战略对产业发展的要求，使山东省产业发展动力评价因子的贡献度更加清晰和明确。

（一）层次分析法（AHP）

层次分析法是定性与定量分析相结合的多准则评价方法，其最大优点是可以将无结构性特征的复杂问题，分解成目标层、准则层、方案层，用一定的标度将人的主观判断进行客观量化[①]，将决定思维的过程数学化，并在此基础上进行定量分析与定性分析。判断矩阵的构造步骤如下。

第一，对于 n 个元素来说，通过两两比较得到判断矩阵 $\boldsymbol{C}=(C_{ij})_{n\times n}$，其中 C_{ij} 表示因素 i 和因素 j 相对于目标的重要值。构造矩阵如下：

B_k	C_1	C_2	…	C_n
C_1	C_{11}	C_{12}	…	C_{1n}
C_2	C_{21}	C_{22}	…	C_{2n}
⋮	⋮	⋮	⋮	⋮
C_n	C_{n1}	C_{n2}	…	C_{nn}

矩阵具有如下性质：

(1) $C_{ij}>0$

(2) $C_{ij}=1/C_{ji}(i\neq j)$

(3) $C_{ii}=1(i,j=1,2,\cdots,n)$

第二，量化决策，形成数值判断矩阵，量化方法见表 5-1。值得注意的是，在解决实际问题时，构造的判断矩阵并不一定具有一致性，需要进行一致性检验。

---

① 杜栋，庞庆华，吴炎.现代综合评价方法与案例精选[M]，北京：清华大学出版社，2008：14.

表 5-1 判断矩阵标度及其含义

	重要性等级	C_{ij} 赋值
1	i,j 两个元素同等重要	1
2	i 元素比 j 元素稍重要	3
3	i 元素比 j 元素明显重要	5
4	i 元素比 j 元素强烈重要	7
5	i 元素比 j 元素极端重要	9
6	i 元素比 j 元素稍不重要	1/3
7	i 元素比 j 元素明显不重要	1/5
8	i 元素比 j 元素强烈不重要	1/7
9	i 元素比 j 元素极端不重要	1/9

注：$C_{ij}=\{2,4,6,8,1/2,1/4,1/6,1/8\}$ 表示重要性等级介于 $C_{ij}=\{1,3,5,7,9,1/3,1/5,1/7,1/9\}$。这些数字是根据人们定性分析的直觉和判断力而确定的。

（二）主成分分析法（PCA）

主成分分析法就是利用降维的思想，通过研究众多变量之间的内部依赖关系，探求观测数据中的基本结构，并用少数几个“抽象”的变量来表示其基本的数据结构，是一种通过显示变量测评潜在变量、通过具体指标测评抽象因子的统计分析方法。当第一个线性组合不能抽取更多信息时，再考虑用第二个线性组合继续快速抽取，直到所抽取的信息与原指标相差不多为止，这就是主成分分析的操作方法。[①] 一般抽取包含 90% 以上评价指标体系信息的前 2～3 个主成分作为分析对象。

具体来讲，设有 p 个原有变量 $x_1, x_2, \cdots, x_p$，且每个变量（或经标准化处理后）的均值都为 0，标准差都为 1。现将每个原有变量用 $k(k<p)$ 个因子 $f_1, f_2, \cdots, f_k$ 的线性组合来表示，则有：

$$\begin{cases} x_1 = a_{11}f_1 + a_{12}f_2 + a_{13}f_3 + \cdots + a_{1k}f_k \\ x_2 = a_{21}f_1 + a_{22}f_2 + a_{23}f_3 + \cdots + a_{2k}f_k \\ \cdots\cdots \\ x_p = a_{p1}f_1 + a_{p2}f_2 + a_{p3}f_3 + \cdots + a_{pk}f_k \end{cases}$$

① 时立文.SPSS 19.0 统计分析从入门到精通[M]，北京：清华大学出版社，2012:286.

上式即为主成分分析输出模型，也可以用矩阵的形式表示为：

$$\boldsymbol{X}=\boldsymbol{AF}$$

在以上方法的基础上，将 AHP 分析得到的指标评价体系的主观权重与 PCA 分析得到的客观权重进行归一化处理，采用复合权重的形式展现评价结果。

三、评价体系构建

山东省新旧动能转换战略正处在推进阶段，国内学术界对新旧动能转换的评价尚未形成统一的标准。笔者在参考现有文献资料的基础上，鉴于数据的可靠性及可得性，并结合山东省产业发展的演进规律和动力结构，经过反复筛选，从需求、供给、制度三个层面构建山东省新旧动能转换的动力评价指标体系（见表 5-2）。评价指标体系共包含 3 项一级指标、8 项二级指标、21 项三级指标，数据来自 2021 年《山东统计年鉴》《中国统计年鉴》《中国工业统计年鉴》。

表 5-2　山东省新旧动能转换的动力结构评价指标

一级指标	二级指标	三级指标	指标解释	计算方法
需求因素综合指标	消费	政府支出水平	政府支出比重(%)	一般预算公共支出/GDP
		城镇居民消费水平	城镇居民人均消费支出(元)	—
		农村居民消费水平	农村居民人均消费支出(元)	—
	投资	资本水平	资本存量(亿元)	永续盘存法计算获得
		民间投资水平	民间固定资产投资增长率(%)	(今年民间固定资产投资/去年民间固定资产投资)－1
	出口	出口水平	出口总额占比(%)	出口货物和服务总额/GDP

续表

一级指标	二级指标	三级指标	指标解释	计算方法
供给因素综合指标	资源禀赋	全要素生产率	全要素生产率增长率	索洛余值法计算获得
		土地资源	土地使用(公顷)	农用土地＋建设用地
		人力资源潜力	从业人员增长率(%)	(今年从业人员数量/去年从业人员数量)－1
	资本投入	资本实力	固定资产投资增长率(%)	(今年固定资产投资额/去年固定资产投资额)－1
		金融深化	金融深化指数(%)	金融机构本外币存款余额/GDP
	科技创新	科技创新	R&D人员折合全时当量(人年)	—
		科技投入	R&D投入占GDP比重(%)	R&D经费内部支出/GDP
		科技实力	政府资金占研发资金比重(%)	R&D经费内部支出政府出资/ R&D经费内部支出
		科技成果转化水平	科技成果转化率(%)	专利申请授权数/专利申请受理数
	能源消耗	水资源消耗水平	工业用水(亿立方米)	—
		能源消耗水平	万元GDP能耗增速(%)	(今年万元GDP能耗/去年万元GDP能耗)－1
		电能源消耗水平	万元GDP电耗增速(%)	(今年万元GDP电耗/去年万元GDP电耗)－1
制度因素综合指标	政府支持	市场化程度	市场化指数(%)	0.4×投资市场化＋0.3×就业市场化＋0.3×生产市场化
		政府科技投入	政府科技研发支持度(%)	科学技术支出/一般公共预算支出
		政府教育投入	政府教育支持度(%)	教育支出/一般公共预算支出

(一)需求动力综合评价指标

需求动力综合评价指标包括消费、投资和出口3个评价因子。其中,消费动力因子主要评价消费对于经济增长的拉动作用,具体包括政府支出水平、城市居民消费水平、农村居民消费水平3个评价指标。投资动力因子主要评价投资对经济增长的推动作用,用资本存量和民间固定资产投资增长率2个指标反映。出口动力因子主要评价对外贸易对经济增长的影响程度,用出口总额占比表示,即出口货物和服务总额占GDP的比重。

(二)供给动力综合评价指标

供给动力综合评价指标包括资源禀赋、资本投入、科技创新、能源消耗4个评价因子。

(1)资源禀赋评价因子可以有效考察土地、劳动力、产业结构变化趋势及其对产业增长的作用机制,具体包括全要素生产率、土地资源、人力资源潜力3个评价指标。其中,全要素生产率用全要素生产率增长率表示,通过索洛余值法计算获得;土地资源用城市农用土地与建设用地的总和表示;人力资源潜力用从业人员增长率表示。

(2)资本投入评价因子考察资本的存量及金融深化对经济增长的推动作用。具体包括资本实力和金融深化2个指标。其中,资本实力用固定资产投资增长率表示;金融深化用金融深化指数表示,即金融深化指数=金融机构本外币存款余额/GDP。

(3)科技创新评价因子反映科技创新对经济增长的刺激作用,通过这一指标可以有效考察产业新动能的发展趋势及潜力,具体包括科技创新、科技投入、科技实力、科技成果转化水平4个评价指标。其中,科技创新能力用R&D人员折合全时当量表示;科技投入用R&D投入占GDP比重表示,即R&D投入比重=R&D经费内部支出/GDP;科技实力用政府资金占研发资金比重表示,即政府资金占研发资金比重=R&D经费内部支出政府出资/R&D经费内部支出;科技成果转化水平用科技成果转化率表示,即科技成果转化率=专利申请授权数/专利申请受理数。

(4)能源消耗评价因子可以从侧面反映产业增长集约程度、产业绿色低碳转型以及环境保护力度,客观体现产业发展水平和层次,具体包括水资源消耗水平、能源消耗水平、电能源消耗水平 3 个评价指标。其中，水资源消耗水平用工业用水表示，能源消耗水平用万元 GDP 能耗增速表示，电能源消耗水平用万元 GDP 电耗增速表示。

（三）制度因素综合评价指标

制度因素综合评价指标主要是体现政府在产业发展过程中为企业发展提供产业政策支持、科技投入资金支持以及良好的营商环境等。鉴于指标的可靠性和可得性，笔者用市场化程度、政府科技投入、政府教育投入 3 个指标对制度因素进行综合考量。其中，市场化程度用市场化指数表示，市场化指数＝0.4×投资市场化＋0.3×就业市场化＋0.3×生产市场化，投资市场化＝非国有及国有控股工业企业资产总值/全部工业企业资产总值，就业市场化＝非国有及国有控股工业企业从业人员平均人数/全部工业企业从业人员平均人数，生产市场化＝非国有及国有控股工业企业利润总额/全部工业企业利润总额。政府科技投入用政府科技研发支持度表示，即政府科技研发支持度＝科学技术支出/一般公共预算支出。政府教育投入用政府教育支持度指标表示，即政府教育支持度＝教育支出/一般公共预算支出。

第二节　新旧动能转换动力结构综合评价

一、AHP 确定主观权重

笔者邀请经济研究领域的 20 位专家，以山东省新旧动能转换动力结构评价指标体系为评价基础，对 3 项一级指标、8 项二级指标、21 项三级指标进行两两比较，对每一层中各指标重要性给出判断，并在此基础上构建判断矩阵。专家判断矩阵权值(其一致性通过检验)如下：

$WC_i = (C_1, C_2, C_3) = (0.26, 0.64, 0.10)$

$WC_{1j} = (C_{11}, C_{12}, C_{13}) = (0.64, 0.26, 0.10)$

$WC_{2j} = (C_{21}, C_{22}, C_{23}, C_{24}) = (0.26, 0.11, 0.56, 0.07)$

$$WC_{11k}=(C_{111},C_{112},C_{113})=(0.65,0.28,0.07)$$

$$WC_{12k}=(C_{121},C_{122})=(0.6,0.4)$$

$$WC_{21k}=(C_{211},C_{212},C_{213})=(0.73,0.09,0.18)$$

$$WC_{22k}=(C_{221},C_{222})=(0.6,0.4)$$

$$WC_{23k}=(C_{231},C_{232},C_{233},C_{234})=(0.31,0.53,0.08,0.08)$$

$$WC_{24k}=(C_{241},C_{242},C_{243})=(0.2,0.5,0.3)$$

$$WC_{31k}=(C_{311},C_{312},C_{313})=(0.5,0.3,0.2)$$

在此判断矩阵权值基础上，计算得出山东省新旧动能转换动力结构评价因子综合权重（见表 5-3）。

表 5-3 山东省新旧动能转换动力结构评价因子综合权重

一级指标	权重	二级指标	权重	三级指标	权重	综合权重
需求因素综合指标 C_1	0.26	消费 C_{11}	0.64	政府支出水平 C_{111}	0.65	0.108
				城镇居民消费水平 C_{112}	0.28	0.047
				农村居民消费水平 C_{113}	0.07	0.012
		投资 C_{12}	0.26	资本水平 C_{121}	0.60	0.040
				民间投资水平 C_{122}	0.40	0.027
		出口 C_{13}	0.10	出口水平 C_{131}	1.00	0.026
供给因素综合指标 C_2	0.64	资源禀赋 C_{21}	0.26	全要素生产率 C_{211}	0.73	0.121
				土地资源 C_{212}	0.09	0.015
				人力资源潜力 C_{213}	0.18	0.030
		资本投入 C_{22}	0.11	资本实力 C_{221}	0.60	0.042
				金融深化 C_{222}	0.40	0.028
		科技创新 C_{23}	0.56	科技创新 C_{231}	0.31	0.111
				科技投入 C_{232}	0.53	0.190
				科技实力 C_{233}	0.08	0.029
				科技成果转化水平 C_{234}	0.08	0.029
		能源消耗 C_{24}	0.07	水资源消耗水平 C_{241}	0.20	0.009
				能源消耗水平 C_{242}	0.50	0.022
				电能源消耗水平 C_{243}	0.30	0.013

续表

一级指标	权重	二级指标	权重	三级指标	权重	综合权重
制度因素综合指标 C_3	0.10	政府政策支持 C_{31}	1.00	市场化程度 C_{311}	0.50	0.050
				政府科技投入 C_{312}	0.30	0.030
				政府教育投入 C_{313}	0.20	0.020

为便于观察，对各因子的综合权重进行归一化处理(见图 5-1)。

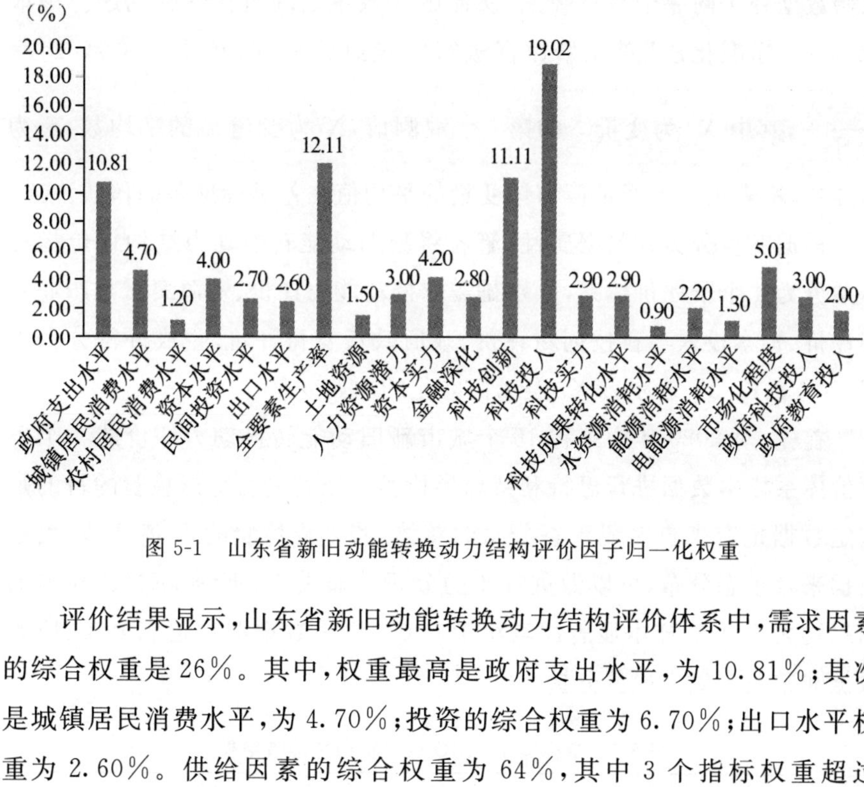

图 5-1　山东省新旧动能转换动力结构评价因子归一化权重

评价结果显示，山东省新旧动能转换动力结构评价体系中，需求因素的综合权重是 26%。其中，权重最高是政府支出水平，为 10.81%；其次是城镇居民消费水平，为 4.70%；投资的综合权重为 6.70%；出口水平权重为 2.60%。供给因素的综合权重为 64%，其中 3 个指标权重超过 10%，分别是科技投入(19.02%)、全要素生产率(12.11%)、科技创新(11.11%)。制度因素权重为 10%，其中市场化程度权重为 5.01%，政府科技投入权重为 3.00%，政府教育投入权重为 2.00%。

综上可知，在新旧动能转换期，山东省产业发展的主要动力来源为供给动力，企业科技投入、技术变革以及由此带来的全要素生产率提高是产业发展的主要驱动力。与此同时,政府与居民消费的带动作用依然不可忽视,而且随着山东省产权制度的明晰和市场化程度的加强,制度改革所释放的红利也在一定程度上推动了产业发展。

二、PCA 确定客观权重

下文对影响山东省新旧动能转换动力结构评价的主要因素进行主成分分析,确定各评价因子的客观权重。

为了使各项数据具有可比性,必须对原始数据进行无量纲化处理,使原始数据处于同一个数量级别,从而解决数量之间可比性的问题。采取"Z-score 标准化法"对原始数据进行无量纲化处理,具体公式为:$Z_i=\frac{X_i-\overline{X}}{S}$,其中 X_i 为变量 x 的第 i 个观测值,$\overline{X}$ 为变量 x 的平均数,S 为标准差,Z 表示一个变量值与该变量的平均值之差是标准差的倍数。

根据变量分类和数据属性,笔者将新旧动能转换动力结构评价指标体系分为 4 个子评价体系,分别是需求推动能力评价、资源禀赋与产业基础评价、资本投入与科技创新评价、政府政策支持评价,主成分得分分别用 Y_1、Y_2、Y_3、Y_4 表示,ZX_i 表示标准化的原始变量。

首先,对 2020 年山东省 16 个城市新旧动能转换动力评价的 4 个子评价体系样本数据进行巴特利特球形检验。巴特利特球形检验的目的是确定数据是否来自多元正态分布的总体,若差异检验的 F 值显著,表示数据来自正态分布,可以做进一步的分析。如表 5-4 所示,KMO 检验的结果均大于 0.5,样本显著性均小于 0.05,说明数据取自正态分布,原始数据非常适合做主成分分析。

表 5-4 指标体系 KMO 和巴特利特检验结果

	KMO 和巴特利特检验		
需求推动能力评价	KMO 取样适切性量数		0.720
	巴特利特球形检验	近似卡方	39.649
		自由度	15
		显著性	0.001

续表

	KMO 和巴特利特检验		
资源禀赋与产业基础评价	KMO 取样适切性量数		0.603
	巴特利特球形检验	近似卡方	12.427
		自由度	15
		显著性	0.003
资本投入与科技创新评价	KMO 取样适切性量数		0.601
	巴特利特球形检验	近似卡方	65.879
		自由度	15
		显著性	0.000
政府政策支持评价	KMO 取样适切性量数		0.597
	巴特利特球形检验	近似卡方	4.723
		自由度	3
		显著性	0.003

借助 SPSS 23.0 对经过无量纲化处理的 4 个子评价体系的数据进行主成分分析，分析结果如下。

（一）需求推动能力评价

根据 PCA 结论，在此评价体系中提取前 2 个特征值大于 1 的主成分因子，其累计贡献率达到 74.598%。根据输出成分得分系数矩阵，第一主成分和第二主成分与原始变量的关系可以用下列线性组合表示：

$$Y_{11}=-0.264\times ZX_1+0.293\times ZX_2+0.248\times ZX_3+0.208\times ZX_4-0.014\times ZX_5+0.218\times ZX_6$$

$$Y_{12}=0.047\times ZX_1-0.018\times ZX_2-0.326\times ZX_3+0.210\times ZX_4+0.754\times ZX_5+0.301\times ZX_6$$

前两个主成分的方差贡献率分别为 54.089%、20.509%，则需求推动能力评价 Y_1 为：

$$Y_1=0.54089\times Y_{11}+0.20509\times Y_{12}$$

（二）资源禀赋与产业基础评价

根据 PCA 结论，在此评价体系中提取前 2 个特征值大于 1 的主成分因子，其累计贡献率达到 57.949%。根据输出成分得分系数矩阵，第一主成分和第二主成分与原始变量的关系可以用下列线性组合表示：

$$Y_{21}=0.4\times ZX_{7}+0.408\times ZX_{8}+0.333\times ZX_{9}+0.020\times ZX_{10}-0.278\times ZX_{11}+0.135\times ZX_{12}$$

$$Y_{22}=-0.017\times ZX_{7}+0.186\times ZX_{8}+0.227\times ZX_{9}+0.443\times ZX_{10}+0.311\times ZX_{11}-0.495\times ZX_{12}$$

前两个主成分的方差贡献率分别为 31.247%、26.702%，则资源禀赋与产业基础评价 Y_2 为：

$$Y_2=0.31247\times Y_{21}+0.26702\times Y_{22}$$

（三）资本投入与科技创新评价

根据 PCA 结论，在此评价体系中提取前 2 个特征值大于 1 的主成分因子，其累计贡献率达到 68.434%。根据输出成分得分系数矩阵，第一主成分和第二主成分与原始变量的关系可以用下列线性组合表示：

$$Y_{31}=-0.071\times ZX_{13}+0.329\times ZX_{14}+0.325\times ZX_{15}+0.036\times ZX_{16}+0.327\times ZX_{17}-0.099\times ZX_{18}$$

$$Y_{32}=0.056\times ZX_{13}+0.155\times ZX_{14}+0.114\times ZX_{15}-0.508\times ZX_{16}+0.065\times ZX_{17}+0.512\times ZX_{18}$$

前两个主成分的方差贡献率分别为 49.435%、18.999%，则资本投入与科技创新 Y_3 为：

$$Y_3=0.49435\times Y_{31}+0.18999\times Y_{32}$$

（四）政府政策支持评价

根据 PCA 结论，在此评价体系中提取 1 个特征值大于 1 的主成分因子，其累计贡献率达到 51.781%。根据输出成分得分系数矩阵，第一主成分与原始变量的关系可以用下列线性组合表示：

$$Y_{41}=0.113\times ZX_{19}+0.566\times ZX_{20}-0.558\times ZX_{21}$$

第一主成分的方差贡献率为 51.781%，则政府政策支持评价 Y_4 为：

$$Y_4=0.51781\times Y_{41}$$

三、重合权重

将 AHP 方法得到的主观权重与 PCA 方法得到的客观权重，按照模

型 $Y=b_1x_1+b_2x_2+\cdots+b_nx_n$ 进行处理，得出山东省新旧动能转换动力结构评价复合权重为：

$$Y=0.26\times Y_1+0.21\times Y_2+0.43\times Y_3+0.1\times Y_4$$

四、实证结论

基于以上分析，可以计算山东省 16 个城市新旧动能转换的产业动力结构评价的综合得分(见表 5-5)。为了更直观地观察，对得分进行归一化处理(见图 5-2)。

表 5-5　山东省新旧动能转换动力结构评价综合得分

	需求推动能力 Y_1	资源禀赋与产业基础 Y_2	资本投入与科技创新 Y_3	政府政策支持 Y_4	综合评价 Y
济南市	0.50	−0.12	1.19	0.61	0.68
青岛市	1.32	0.25	1.33	0.41	1.01
淄博市	0.09	−0.49	−0.23	0.03	−0.18
枣庄市	−0.56	−0.61	−0.32	−0.63	−0.47
东营市	0.26	−0.17	−0.29	0.18	−0.07
烟台市	0.70	0.91	0.27	0.77	0.57
潍坊市	0.40	0.27	0.21	−0.12	0.24
济宁市	−0.28	−0.10	0.09	−0.57	−0.11
泰安市	−0.60	−0.16	−0.24	−0.37	−0.33
威海市	0.37	0.05	−0.25	−0.37	−0.04
日照市	0.22	−0.25	−0.48	0.27	−0.17
临沂市	−0.32	0.49	−0.09	−0.59	−0.08
德州市	−0.58	0.43	−0.29	0.30	−0.16
聊城市	−0.80	−0.35	−0.39	−0.47	−0.50
滨州市	−0.30	−0.44	−0.32	0.98	−0.21
菏泽市	−0.43	0.28	−0.21	−0.43	−0.19

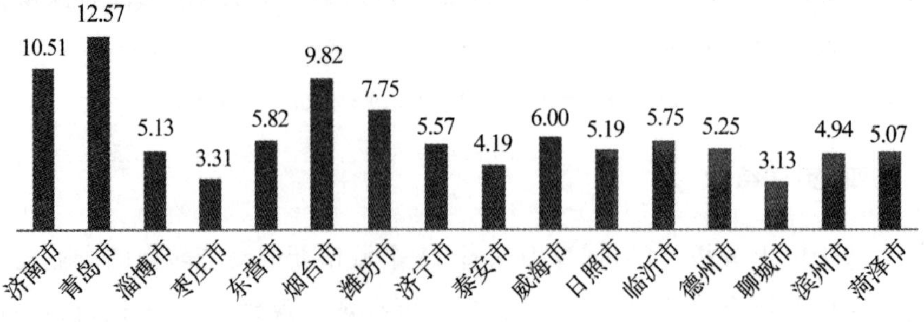

图 5-2　山东省新旧动能转换动力结构评价归一化处理得分

依据新旧动能转换动力结构评价得分，将山东省 16 个城市大致分为三类。

第一类，新旧动能转换动力结构评分在 0.5 分以上，包括青岛市、济南市、烟台市。这 3 个城市的 4 个子评价体系评分普遍较高，尤其是济南、青岛的资本投入与科技创新得分都在 1 分以上。由此可以看出，济南市、青岛市、烟台市作为山东省新旧动能转换的增长极，拥有丰富的资源优势和雄厚的产业基础，是新旧动能转换的重要引擎，应充分发挥对周边地区的带动辐射作用。同时，3 个城市自身产业发展的动力均衡，有能力向更高质量的方向迈进。

第二类，新旧动能转换动力结构评分在－0.1～0.5 分，包括东营市、潍坊市、威海市、临沂市。这些城市拥有良好的产业基础，尤其是基于自身资源禀赋优势的制造业发展迅猛，产业发展动力相对平衡，科技创新能力也比较活跃，但在新旧动能转换过程中也存在自己的短板。临沂市在需求带动能力上表现不足，尤其是临沂市居民消费支出对经济的带动作用较弱。消费是经济增长的重要内生动力，也是新旧动能转换的重要引领力量，消费领域的短板应该引起当地政府的高度重视。威海市和临沂市在政府政策支持上表现出明显的劣势，得分偏低，对其产业新旧动能转换起到了负面作用，也应该成为当地政府关注的重要内容。

第三类，新旧动能转换动力结构评分在－0.1 分以下，包括济宁市、淄博市、泰安市、枣庄市、日照市、滨州市、德州市、聊城市和菏泽市。这些城市的子评价体系得分普遍偏低。以聊城市和枣庄市为例，在需求推动能力方面，这两个城市出口占 GDP 的比重只有 6.4%、3.4%，与其他城市相比还有较大差距，外向型经济发展不足成为经济增长的软肋。枣庄市 R&D 人员折合全时当量为 6071(人年)，只占同期青岛的 9.7%，在一定程度上阻碍产业转型升级和新动能发展。这些综合评分较低的城市，应该总结其新旧动能转换进程中动力不足的具体症结所在，针对不同问题对症下药，从整体上催生新动能，改造提升传统动能，促进该地区的经济实现高质量发展。

随着山东经济全面进入新常态，产业发展的动力因素正在发生变化，由以政府投资、居民消费为特征的需求导向逐步向以全要素生产率提高、科技变革为特征的供给导向转化，科技创新以及政府对科技的扶持成为推动产业发展的重要动力来源。山东省正在逐步形成以供给动力为主、以需求动力和制度动力为辅的相互交叉、相互融合的产业动力新格局。山东各城市的产业发展规划也应该遵循这一规律，充分认识自身在新旧动能转换中的不足和问题，在发挥资源禀赋优势的基础上逐步优化产业结构，推动产业向低碳、绿色、环保转型。同时，提高科技创新能力，在积极催生新动能的同时，对传统优势动能进行改造提升，推动经济持续、健康、稳定发展。

「策略篇」

第六章　国内外产业动力转换的经验与启示

典型发达国家在不同时期表现出不同的产业驱动力特征，这不仅与其国家制度相关，也与不同的经济、文化背景相关。汲取国内外产业结构优化升级和动力转换的经验教训，与山东省产业发展实际相结合，因地制宜地选择与山东省产业发展动力结构演进趋势相适应的动力发展模式，对指导当前实施的新旧动能转换战略，不断提升经济发展质量和效益，提高国家经济实力和国际竞争力具有极其重要的意义。

第一节　国外产业动力结构演进的特征

一、美国

在不同时期，不同驱动力的转换对美国经济腾飞起到关键作用。

（一）需求驱动力演进

在经济起飞和成熟阶段，投资和出口对美国产业增长的拉动作用较为明显，而在高额大众消费阶段，消费需求的不断提升能保证产业整体的平稳增长。具体来看，人均 GDP 在 1000～3000 美元时，资本投入和净出口对美国经济增长的带动作用清晰且显著；人均 GDP 达到 3000 美元后，美国经济增长的动力结构发生改变，投资、出口对 GDP 的带动作用减退，而消费的拉动功能增强，逐步形成消费、投资、出口均衡带动经济增长的新格局；人均 GDP 达到 6000 美元以后，消费的带动作用进一步增强，产业增长转入消费为主的驱动发展模式，娱乐、休闲、旅游、文化等精神消费增加；人均 GDP 达到 10000 美元后，社会进入以信息技术、知识产业发展为标志的后工业化时代，科技创新能力提升，推动现代服务业发展，此时消费对产业增长的驱动力持续增强。

（二）供给驱动力演进

美国 19 世纪的产业增长主要依赖大量的要素投入，劳动力、自然资源和资本这三个主要的生产要素有力地助推了美国经济崛起，其中劳动力投入在三个要素中对产业增长的贡献度最大。进入 20 世纪，人力资本的增加对产业增长贡献比重持续增大。此外，美国科学技术的进步对产业增长起到至关重要的作用。第一次工业革命使美国成为仅次于英国、法国、德国的第四大工业强国，第二次工业革命使美国的制造业迅速发展。20 世纪 90 年代末，与技术信息产业直接相关的产业在美国国内生产总值中所占比例已高达 80%，信息技术产业成为美国经济增长的主要动力。① 1800～1989 年美国全要素生产率等指标的贡献分析见表 6-1。

表 6-1　1800～1989 年美国全要素生产率等贡献分析　　单位：%

	对劳动生产力增长率的贡献百分比			对人均产出增长率的贡献百分比			
	精确TFP	每工时资本	要素构成	精确TFP	人均工时	资本密集程度	要素构成
1800～1855 年	49	—	51	55	22	—	23
1855～1890 年	65	—	35	28	49	—	23
1890～1927 年	26	7	67	−4	27	7	70
1927～1966 年	17	25	58	−45	25	36	84
1966～1989 年	46	52	3	33	31	34	2

资料来源：Paul A. David, Gavin Wright. Increasing Returns and Genesis of American Resource Abundance [J]. Industrial and Corporate Change, 1997(6): 203-245.

① 任东来. 当代美国——一个超级大国的成长[M]. 贵阳：贵州人民出版社，2000：94.

如表 6-1 所示，19 世纪末至 20 世纪 60 年代，衡量技术进步的 TFP 对劳动生产力增长率的贡献只占 20%左右，但到 20 世纪七八十年代，这项比率接近 50%。这表明 20 世纪以后，美国科学技术进步加快，科学技术日渐成为推动美国产业增长的根本动力。此外，美国制度供给日益完善，尤其是知识产权保护制度，这为美国在全球高科技发展中保持领先地位提供了重要保障。

二、日本

中国与日本隔海相望，两国经济方面有很多相似之处。在新旧动能转换的关键期，分析日本产业动力结构的演进特征，借鉴其成功经验，有助于我们重构产业发展动力机制，实现经济跨越式发展。

（一）需求驱动力演进

二战后，日本发展成为世界第二大经济强国。从 1955～1962 年经济起飞阶段到 1962～1966 年成熟阶段，日本投资率从 10%左右上升到 33%左右，此后 30 年间投资率一直维持在 30%的高水平上下。高投资率为日本产业腾飞做出重要贡献。同时，净出口对日本 GDP 的拉动作用非常明显。贸易立国的发展理念，推动日本形成了出口导向型的产业发展模式。进入 21 世纪，日本电子科技产业、先进汽车产业、高端家电产业等高附加值现代制造产业始终占据全球市场产业链的最高端。

分析日本不同时期经济增长的轨迹，可以看到，20 世纪 50～70 年代，日本经济维持 9%的高速增长，资本投资率也保持在 33%左右的高水平。这主要归功于二战后日本大规模引进、消化、吸收国外先进技术和管理经验，使投资始终保持推动经济增长的动力和活力。进入 20 世纪 90 年代，日本经济结构问题逐渐突显，经济增长率仅维持在约 1%的水平，最终消费力上升到约 70%，消费成为拉动产业增长的主要动力（见表6-2）。

表 6-2　日本不同时期经济增长与动力结构特征　　单位：%

	经济增长率	最终消费	民间消费	政府消费	资本形成	净出口
1952～1973 年	9.0	65.94	56.71	9.22	33.48	0.36
1974～1990 年	3.8	67.78	58.14	9.63	30.89	1.33
1991～2007 年	1.3	69.47	58.72	10.74	28.82	1.71
2008～2013 年	0.4	77.35	63.94	13.41	21.23	1.42

资料来源：根据日本内阁政府经济社会综合研究所的国民经济统计数据整理。

(二)供给驱动力演进

日本凭借低廉的劳动力价格和先进的管理水平实现了经济腾飞。20 世纪 70 年代以前，日本产业增长主要依靠粗放型投入来实现；70 年代以后，受资本和能源条件的制约，日本以节约能源、原材料为核心，依靠劳动生产率的提高来实现产业增长。科技变革是二战后日本经济快速恢复并高速发展的重要动力。日本通过直接技术引进等形式，利用后发优势，推动产业高速增长。

第二节　国内外培育经济增长新动能的措施

新一轮全球技术革命大潮中，信息网络、生物科技、清洁能源、新材料与先进制造等是最前沿的技术领域，正孕育着一批具有重大产业变革前景的颠覆性技术。面对产业革命带来的机遇与风险，国内外的应对之策各有所长，也有规律可循，具有重要的借鉴和启示意义。

一、国外

(一)美国

2008 年，美国陷入金融危机，为走出困境，美国政府提出了“再工业化”和“工业互联网”等战略举措。

1.再工业化

第二次世界大战后，美国劳动力成本飙升，制造业逐步转型，美国把发展的重点转向产业链中的高附加值环节(设计研究、供应链、市场营销等),而把低附加值环节转移到发展中国家,这就导致美国制造业"空心化"问题越来越严重。面对金融危机带来的深刻教训,美国政府开始谋求经济转型,从过度依赖金融和虚拟经济转向以制造业为核心的实体经济,推行"再工业化"战略,寻求能支撑未来经济发展的先进制造业,重振美国在制造业领域的竞争优势。

首先,转变政府对制造业的态度。2012 年,美国发布《先进制造业国家战略计划》,提出五大目标:加强先进制造业技术的投资,加强工人技能培训,强化官产研合作,推进跨政府部门的合作,增加先进制造业研究的总投资。其次,美国政府加大对前沿科技的投入比例。在具有国家战略价值的新兴产业领域,美国借助税收补贴等手段,利用杠杆效应撬动巨大的社会资本向这些领域聚集,鼓励私人投资清洁技术、信息服务、新兴能源等领域,以保持创新活力。同时,美国政府把中小企业视为"再工业化"的一支重要力量,制定经济刺激方案以解决中小企业贷款难的问题,并颁布支持小企业发展的信贷援助计划。

2.工业互联网

互联网技术作为当代最重要的新技术应用,带来了制造业生产方式、营销方式的革命性变化,例如专业化定制、智能制造、柔性定制等,无疑成为先进制造业的基础和工具。没有互联网技术作为支撑,就不可能出现工业互联网的兴起和繁荣。

工业互联网将成为制造业的一个基础性平台,这一平台将制造业的上游、下游汇集一体,涵盖供应链、分销商,也包括研发、制造、物流等重要环节,是名副其实的全球制造网络。

(二)德国

德国是全球制造业的领军人物,在一批超强企业的支撑下,德国制造业成为最具竞争力的行业之一。为了应对新产业革命的挑战,德国提出"工业 4.0"战略。

"工业 4.0"是"智能制造"的代名词,包含信息物理系统、物联网与服务网、机—机通信等前沿技术。其核心理念可以概括为:一套系统,即资源、信息、物品和人相互通信的物理系统；两大目标，即以推广人工智能化和生产智能化为目标；三大转变，即实现生产由集中向分散的转变，产品由趋同向个性化的转变，服务由客户导向向客户全程参与的转变；四类目标，即开发智能化生产新方法，优化自动化新技术，满足劳动力变化新需求，形成工业生产新模式；五项任务，即建成制造业过程融合化和网络化的生产系统，强化生产制造中信息通信技术的创新和应用，构建标准化和规范化的模式，构建基于人机交互的新型企业组织模式，加强安全性和专有技术的研究和推广。“工业 4.0”的意义在于充分利用嵌入式控制系统，实现创新交互式生产技术联网，使制造业由数字化向智能化转型。

德国之所以提出“工业 4.0”战略，是充分考虑到德国所拥有的强大智能制造工业基础。德国拥有像西门子、博世这样的多元化工业集团，也拥有 SAP、费斯托、缆普等专业化的软硬件供应商，能够提供多种行业解决方案。同时，多所世界顶级大学和研究机构，例如亚琛工业大学、弗劳恩霍夫研究所、德国人工智能研究中心等为德国“工业 4.0”战略提供了科研基础和研发能力支撑。

（三）日本

面对全球性科技升级，日本将机器人和人工智能作为国家创新战略的重要领域。2015 年，日本政府发布《机器人新战略》，涵盖经济社会的诸多方面。自 20 世纪 60 年代以来，日本一直是全球机器人制造和研发大国。截至 2022 年 6 月，全球 45％的机器人供应量来自日本。日本机器人创新战略主要包括以下几个方面。

措施一：推进创新环境一体化建设。日本成立“机器人革命促进会”，负责官产研合作、相关信息的采集与公布；制定管理制度改革提案和数据安全规则；创造机器人前沿技术研发和实验环境，为未来创造条件[①]；与日本科技创新推动小组合作制定科技创新整体战略。

措施二：加强人才队伍建设。通过系统集成商牵头，培育机器人系统集成、软件等技术人才；加大培养机器人生产线设计和应用人才；立足于中长期，制定大学和研究机构相关人才的培育计划；通过初、中等教育以

① 卢月品.“机器人新战略”下的日本制造[J].装备制造，2015(7)：66-69.

及科技馆等社会设施，广泛普及机器人知识。①

措施三：关注下一代技术和标准。一方面，推进人工智能、模式识别、操作系统和中间件等下一代技术研究；另一方面，积极争取国家标准，并以此为依据推进技术的实用化。

措施四：确定数据驱动型社会战略规划。普及机器人的应用与研发，鼓励各类企业参与机器人的设计研发工作；制定人与机器人协同工作细则，打造机器人数据平台。

二、国内

在国内经济发展进入动能转换新常态的大背景下，各省市全面落实改革发展战略，先后出台政策，积极培育发展新动能，加快推进金融、财政、人才、科技等方面的体制机制改革。具体措施见表 6-3。

表 6-3　全国各省市培育经济增长新动能的政策、措施概览

	主要措施
北京市	打造全国科技中心；健全创新市场导向，制定出台《北京市促进科技成果转移转化行动方案》，加大激励力度；改革创新人才支持，出台《关于引进全球顶尖科学家及其创新团队的实施意见》；强化金融支持创新功能。
天津市	推进全面创新改革实验，探索建立京津冀区域创新资源共享机制；加快推进自贸区改革实验；推进金融创新改革，出台《天津市金融改革创新三年行动计划（2016～2018 年）》《关于金融支持中国（天津）自由贸易实验区建设的指导意见》；简政放权，推进事中事后制度改革。
上海市	推动改革试点，出台《上海系统推进全面创新改革试验加快建设具有全球影响力的科技创新中心方案》，在全国先试先行；科技创新，加快高端医疗器械、北斗导航、机器人、大数据技术突破；创新服务体系；打造新产业发展聚集区，以改革实验区、自贸实验区、张江国家自主创新示范区为依托，辐射带动一批创新聚集区。

① 大数据时代下日本机器人新战略分析[EB/OL].(2016-02-22)[2022-04-01].https://www.sohu.com/a/59902737_354988.

续表

	主要措施
深圳市	将创新确定为城市主导发展战略，出台创新“33”条、创新驱动发展“1+10”文件等政策；打造国际创新中心，推动“深港创新圈”建设；改革财税政策，出台《新兴产业专项资金多元化扶持方式改革方案》；推动战略性新兴产业集聚式发展；创造良好的营商环境。
广东省	推进大平台建设，公布《珠三角国家自主创新示范区建设实施方案(2016～2020)》，以全面创新改革实验区和珠三角自主创新示范区为依托，形成协同发展新格局；加强人才引进工作；积极引进全球资源；加强科技成果转化，实施《广东省促进科技成果转化条例》，出台经营性领域技术入股改革实施方案。
浙江省	加强科技载体建设，出台《浙江省人民政府关于加快特色小镇规划建设的指导意见》，着力推进产业集聚区建设；加强科技投入，财政重点扶持高技术培育、重大科学研发与基础研究投入、人才队伍建设以及创新环境完善等；优化创新环境，出台《浙江省人民政府办公厅关于实行企业“五证合一”登记制度的通知》，首推“五证合一、一照一码”登记模式；加强人才引进，实施“金蓝领”“百校千企”“千企千师”人才培养计划，完善用人机制。
河北省	政策引导，出台《河北省战略性新兴产业“十三五”规划》；机制体制改革，制定《京津冀系统推进全面创新改革试验方案》《石保廊全面创新改革试验重点改革试点方案》，营造良好创新环境；提升产业创新能力，出台《关于发展众创空间推进大众创新创业的指导意见》《关于提升产业创新能力实施细则》，支持各类创新平台建设；加大创业投资，成立省战略性新兴产业创业投资引导基金、省科技成果转化引导基金、省级大小企业发展基金、京津冀协同创新科技成果转化引导基金、天使基金等，为早中期新兴产业提供资金支持。

第三节　国际经验总结与启示

一、优化产业发展方向

梳理发达国家的经济发展进程可以看到，当人均 GDP 达到 10000 美元以后，以信息技术产业、知识产业飞跃发展为主要标志的知识经济成为社会发展的主要动力。各国推进产业升级的战略并不是千篇一律的，而是依据本国在技术、人才、制度等方面的优势来制定未来发展重点和方向。因此，在借鉴他国经验时，要尊重本国经济发展规律，不能人云亦云，生搬硬套。当前阶段，消费对经济增长的驱动力增强，产业的增长越来越多地依赖技术投入，尤其是高新技术的投入。2018 年山东省人均生产总值为 76267 元，增长 5.9%，按年均汇率折算为 11525 美元①，山东省已经全面进入转变经济发展方式、优化经济结构、转换经济发展动力的攻坚期，应重点优化产业发展方向，提升科技创新能力，重构产业发展动力机制。

二、提升产业创新能力

新一轮技术革命浪潮下，各国纷纷把国家创新能力提升摆到重要战略位置，将科技创新作为推动本国经济发展的重要推动力。基础科技的持续开发，自主创新能力的提高，技术的储备、提升以及应用，将成为一个国家和地区未来产业核心竞争力的关键所在。创新战略不仅强调技术创新，创新理念、商业模式、机制体制等方面也要齐头并进，只有理念、技术、人才、制度各种创新与之相匹配，才能最大限度地释放创新潜力。

三、构建产业政策供给体系

一个国家的产业政策供给体系会随着经济结构的变化而变化，一成不变的制度供给体系是不存在的。要从国家经济社会发展阶段出发，立足本国产业实际，有规划、有策略、有约束地借鉴国外先进的产业政策，构建适合本国现阶段发展环境的产业政策供给体系。

① 2018 年山东省国民经济和社会发展统计公报[EB/OL].(2019-03-01)[2022-04-01]. http://tjj.shandong.gov.cn/art/2019/3/1/art_6196_4699827.html.

第七章　山东新旧动能转换的产业空间布局

本章在产业空间布局理论的基础上，明确产业空间布局对新旧动能转换的影响机制，依据 AHP 和 PCA 分析，阐释山东省新旧动能转换的动力结构，并对山东省 16 个城市新旧动能转换的产业能力做聚类分析，依据各地动力结构特点，提出山东省新旧动能转换的产业空间布局整体思路和优化路径。

第一节　产业空间布局发展模式及影响因素

一、产业空间布局的理论综述

产业空间布局是种种生产要素在一定区域空间运动的分布与组合的总称。产业空间布局的研究是一门交叉学科，它融合了发展经济学、经济地理学、产业经济学、制度经济学以及国际经济学等多门学科。为了探明产业空间布局理论的发展脉络，我们有必要对空间经济理论进行一番梳理。

(一)国外研究综述

从国际贸易的角度来看，大卫·李嘉图(David Ricardo)提出了著名的比较优势理论。20 世纪 30 年代，比较优势理论进一步地具体化为要素禀赋论，该理论认为一国贸易优势和产业分工取决于要素禀赋。20世纪70年代后期，比较优势理论受到新贸易理论的挑战。新贸易理论认为，国家之间进行贸易的原因并不依赖于比较优势和要素禀赋，国际贸易中很大一部分发生在禀赋相似的国家之间，新贸易理论的一个直接推论就是产业布局可以不依赖于土地的自然属性。

从产业区位的角度来看，杜能(J. H. Von Thünen)最早在产业布局经济学框架中引入区位概念。他假定，市场是完全竞争的，各种经济活动都在事先存在的中心市场进行，因此，杜能提出一个产业沿中心市场环形分布的生产布局。20世纪初，阿尔弗雷德·韦伯(Alfred Weber)提出工业区位论的概念，该理论强调费用是区位选择的重要因素，费用越少说明区位选择越合理。20世纪30年代，胡佛(E. M. Hoover)研究了区位间的运输费用以及规模经济对区位选择的影响因素，产业区位理论得到了进一步发展。1940年，廖什(August Lösch)出版了《经济空间秩序》一书，他认为工业布局不仅受到竞争者的影响，而且受到消费者和供应商的影响。为了寻求整个区位系统的平衡，廖什构建了五组区位的一般方程，分别描述五组区位均衡条件。[①]

从产业竞争的角度来看，霍特林(Harold Hotelling)提出寡头垄断是空间竞争的核心和本质。卡多尔(Nicholas Kaldor)则更多地关注空间问题，他认为每个厂商会更多地考虑与他相邻的竞争对手，而较少地关注离他较远的竞争对手，因此空间竞争是天然存在且自动发生的。

从发展经济学的角度来看，1943年，罗森斯坦·罗丹(Rosenstein-Rodan)提出"大推进"理论，该理论认为，由于对某个地区进行大规模的资本投入而触发的加速效应和乘数效应，资本要素可以有效地推动该地区快速发展。此后，帕鲁(Francois Perroux)提出"增长极"概念，该理论认为，在产业分布的地理空间中，多数产业会随着增长速度的不同而呈现出不同增长强度的无规则的点状分布。如果把具有增长潜力的产业纳入当地的产业布局，会自然形成产业集聚的中心，即产业增长极。1957年缪尔达尔(Gunnar Myrdal)提出了新的集聚理论，在累积循环因果关系理

---

① 李君华，彭玉兰.产业布局与集聚理论述评[J].经济评论，2007(2):146-152.

论的基础上进一步拓展了增长极理论。该理论认为,在动态的生产关系中,各种要素存在因果循环的关系,一种要素发生变化必然会引起另一种要素也发生变化,因此,一个地区配置一种具有生产潜力的产业必然会发生生产关系的连锁反应,吸引周边新的产业集聚。20 世纪八九十年代,学者们对产业空间布局的研究更倾向于采用综合性的方法,其中比较有代表性的是科尔科(Kolko)提出的"中心—外围"理论,该理论可以有效地阐述由于技术进步以及传导机制在"中心"和"外围"表现不同,大都市会吸引服务业的大量集聚和发展,而与农业相关的初级基础性产业则分布于大城市周边地区。米尔斯(E. S. Mills)和亨德森(J. V. Hdnderson)将马歇尔(Alfred Marshall)的外部性引入城市经济学,这一外部性对厂商的集群式分布具有重要影响。①

(二)国内研究综述

从国内来看,我国产业空间布局理论呈现出极具大国特色的理论演进特征。改革开放之初,我国区域经济与产业布局理论受苏联地域综合体理论的影响,在实践中形成了以内地为中心、以重工业为核心的沿海与内地均衡发展战略。② 1988 年王缉慈教授介绍了增长极理论,在国内引起相当大的反响,此后有学者将梯度推移与雁阵理论引入国内,并在此基础上形成具有我国特色的产业梯度转移理论。传统的梯度推移理论认为,在产品生命周期理论的基础上,基于经济技术发展的区域不平衡性会在客观上逐步形成技术梯度空间,即"先进技术"地区、"中间技术"地区以及"传统技术"地区等,有梯度就会形成技术的梯度转移。因此,高梯度地区要不断激励创新,防止产业结构趋同老化;低梯度地区则不应满足于已占优势的初级产业,而要吸引和消化高梯度地区的优势产业,不断向更高梯度攀升。

自雁阵理论提出以来,我国许多学者将研究的重点转向雁阵模式在国内的适应性分析。喆儒把东南亚雁阵模式与中国产业升级相联系,提

① 李君华,彭玉兰.产业布局与集聚理论述评[J].经济评论,2007(2):146-152.

② 李君华,彭玉兰.产业布局与集聚理论述评[J].经济评论,2007(2):146-152.

出建立在竞争优势基础上的创新型雁阵模式。① 蔡昉等指出，在大国雁阵模式中，大国经济区别于小国经济的特点在于当大国中一些地区进入新的发展阶段，另外一些地区可能仍然处在原来的发展阶段。因此，小国雁阵模式往往是指独立经济体之间的产业转移和承接，而大国雁阵模式则表现为一个独立经济体内部地区之间的产业转移和承接。② 张红提出区域大国雁阵模式，即各区域产业集群经济圈由“雁头核心层”“雁身中间层”与“雁尾辐射层”构成，而且雁阵模式的预设前提有三点：区域中的经济体在地理空间上相互邻近；具有自然禀赋与发展阶段的梯度差异；根据其禀赋特征进行生产，依据相对成本差异确定最优的产业地理区域，形成“倒 V”形雁阵分工关系。③ 纪玉俊等从产业集聚与扩散的角度提出了我国东、中、西部协调发展的大国雁阵模式。④ 范剑勇认为产业集聚会造成区域差距扩大，这就要求“头雁”充分利用“集散”效应来带动周边落后地区的发展。具体来讲，就是以比较优势为基础，利用产业集聚区形成区域分工，进而伴随比较优势的改变，通过集聚和扩散效应的交互作用形成我国区域经济协调发展的雁阵模式。⑤

二、产业空间布局发展模式

产业空间布局在不同时期、不同区域呈现不同的发展模式。

(一)点、线、轴空间布局模式

波兰经济学家萨伦巴(P. Zaremba)和马利士(B. Malisz)提出的点轴理论是增长极理论的延伸和发展。从区域经济发展的空间来看，经济中心总是首先集中在少数条件较好的区位，呈斑点状分布。这种经济中心既可称为区域增长极，也是点轴开发模式的点。⑥

---

① 喆儒.产业升级——开放条件下中国的政策选择[M].北京：中国经济出版社，2006.

② 蔡昉，王德文，曲玥.中国产业升级的大国雁阵模型分析[J].经济研究，2009，44(9)：4-14.

③ 张红.自主创新区域实现的大国雁阵模式[J].科技进步与对策，2011，28(22)：39-43.

④ 纪玉俊，张鹏.我国区域经济协调发展的大国雁阵模式：一个产业集聚与扩散的视角[J].产业经济评论，2014，13(1)：139-169.

⑤ 范剑勇.市场一体化、地区专业化与产业集聚趋势——兼谈对地区差距的影响[J].中国社会科学，2004(6)：39-51＋204-205.

⑥ 赵丹.兰州—白银经济区可行性研究[D].西北师范大学，2011.

具体来讲，当某个处于工业化初级阶段的特定区域内的生产要素流动符合空间结构演化一般特征时，就会出现产业空间布局的极化效应，即所有的生产要素会向本区域内最有利的位置集聚，也就是增长极的雏形。对于一个大范围的区域来讲，其增长极可能不止一个。随着经济增长速度的提高，各个产业增长极之间点对点的经济联系变得更加紧密，各种生产要素间频繁的需求与供给使得增长极的扩散效益占主导地位，产业空间布局模式被打乱并重新组合，推动增长极间单纯的点与线的布局升级为点、线、轴的布局，产业空间结构也随之由据点式转变为轴线式，并围绕这一轴线形成密集的产业链和产业带。错综复杂的点、线、轴产业布局一旦形成，将吸引大量的相关产业，继而形成新的产业增长极。

由此可见，由点到线，再由线到轴，寻求合理的产业增长极和产业运行路线，可以更加有效地推动产业由简单的增长极向轴线两侧集聚发展，使特定区域的产业空间布局更加合理和优化。

(二)网络空间布局模式

网络空间布局理论是在点轴布局理论的基础上发展起来的，是点轴布局理论的继承和延伸，其中“网络”即多种元素如商品、资金、技术、信息、劳动力等多种生产要素自由流动的网络。网络开发模式是指当区域经济发展到一定程度时，可以依托已经建立起来的点轴等级体系，使各级增长极对腹地经济发展起先导作用，推动城乡一体化进程。① 同时，以点轴为基础，建立起要素的各类流通或传递网络，把各个地区连接在一起，逐步实现区域内经济一体化。② 改革开放以来，我国的产业空间布局和区域经济发展基本上是按照点轴模式逐渐展开，发展到工业化中后期，产业的空间布局模式也会随之发生变化，逐步由点轴模式向网络模式转变。

(三)梯度转移空间布局模式

产业梯度转移理论在动态上表现为各种资源、生产要素甚至各产业为占据全球最好的生产区位而形成空间梯度上转移、流动或重新组合的

① 张建军.区域网络开发战略模式研究综述[J].生产力研究，2007(1)：146-147.

② 张建军，李琳.区域网络开发模式的理论研究与实践探索[J].西安文理学院学报(社会科学版)，2006(2)：50-54.

配置与再配置过程，产业梯度转移理论是产业布局理论的重要内容。

1.雁阵理论

日本学者赤松要在考察了日本纺织工业的发展史后，于1935年提出雁阵理论，该理论用来研究日本及东南亚等国家如何利用比较优势完成进口—本国生产(进口替代)—出口的完整产业结构变迁。赤松要认为，东南亚经济演进趋势符合雁阵形态，日本是本区域经济发展的头雁，亚洲“四小龙”(中国香港、中国台湾、新加坡和韩国)为中间雁阵，其后紧紧跟随的中国大陆及其他东盟国家为阵尾。按照该理论，日本拥有绝对的比较优势，当某一产业在日本发展成熟并赚取足够的利润以后，该产业在日本会逐渐丧失竞争力，此时亚洲“四小龙”承接并发展该产业，获取相当的利润，当该产业竞争力再次衰减时，可以转移到雁阵尾部的国家或地区。由于落后国家无法提供新产品研究需要的技术条件和资本，因此不能承担先进产业的研发任务，只能遵循进口—本国生产—出口的产业转移模式。

2.劳动密集型产业转移理论

美国经济学家刘易斯通过对20世纪60年代国际产业转移的研究发现，国际产业转移主要发生在劳动密集型产业上，并且产业转移存在方向性和必然性。具体来讲，方向性表现在劳动密集型产业的转移一般从发达国家转移到发展中国家。原因是发达国家人口自然衰减、有效劳动力供给不足等引发劳动力成本上升，发达国家劳动密集型产业优势逐步丧失，而此时的发展中国家普遍拥有低廉的劳动力比较优势。必然性表现在发达国家与发展中国家在劳动力优势上的天然差别会自然诱导劳动密集型产业在不同地域间转移，发展中国家承接这些产业存在天然优势。发展中国家如何结合自身资源禀赋优势，有效承接劳动密集型产业转移，并使这种转移优势发挥到最大，对本国产业结构优化升级有重要的推动作用。

3.边际产业转移理论

日本经济学家小岛清提出基于比较优势的边际产业转移理论，用以解释日本对外直接投资产生的动力和原因。小岛清通过观察日本对外直接投资的特点和规律，发现日本对外投资主要集中在劳动密集型产业或者工业中低端产业。由此,他提出日本本国某些处于比较劣势的产业不再适合对外贸易,而是更适合通过直接投资的形式赚取利益,以此来回避产业劣势带来的边际效益递减,并借此推动新的具有比较优势出口产业的产生。东道国可以借助承接对外直接投资的契机,改善生产技术落后、管理经验欠缺以及资金支撑不足的现状,充分发挥资源禀赋和劳动力比较优势,更好地推动本国经济发展。

三、产业空间布局的影响因素

从本质上说,新动能产业是对经济社会发展起引领作用的产业,是高科技与新兴产业的深度融合,代表新一代产业发展的方向和未来,兼具前瞻性、效益性、科技性以及引领性等重要特征。产业空间布局是生产要素不断配置与再配置的过程。对于新动能产业而言,影响空间产业布局的核心要素为科技创新,其次是区位因素、地区产业集聚、政策环境等。

(一)科技创新

随着现代科学技术的发展,自然资源得到广泛开发和利用,自然因素对新动能产业空间布局的影响逐步弱化。技术进步尤其是运输技术、高压输电技术、生产工艺的进步,降低了运费,实现了原材料、能源的远距离输送,消除了时空障碍,直接改变了产业空间布局。[①]

(二)区位因素

区位因素包括自然因素、人力资本因素、交通因素、市场因素等。

1.自然因素

自然因素主要包括气候、土壤以及自然禀赋等。自然因素是某些地域依赖性强的产业空间布局的先决条件,是影响产业发展能力的重要外部因素之一,也曾经对区域发展与产业布局起到决定性作用。在农业社会,由于农业的劳动对象是自然资源,因此各种资源的分布在一定程度上决定了农业及相关产业布局。随着工业化进程的加快,自然资源对于产业布局尤其是新兴产业布局的影响正在慢慢弱化。

---

① 刁向明.吉林省产业空间布局的形成机制与调控策略研究[D].东北师范大学,2006.

2.人力资本因素

首先,劳动力成本是企业生产成本的主要构成部分,劳动力成本的高低直接影响到产业的竞争力水平,而地区的劳动力成本主要受地区劳动力禀赋、地区经济发展水平等因素影响,这些因素在地区间的差异使地区间的劳动力成本也呈现出明显的差异,进而影响到各个地区的产业空间布局。其次,劳动力的供给质量对于新兴产业空间布局具有重大影响,劳动者的素质受到教育水平、职业培训、实践经验等诸多因素的影响。在知识经济时代,随着世界经济结构的升级换代,技术、知识密集型新兴产业的比重越来越大,能否雇佣到高素质人才已经成为企业选址的重要考虑因素。对于新兴产业来讲,其更倾向于围绕大学、科研院所进行产业布局,以方便获得丰富的人力资源。

3.交通因素

现代社会交通条件的改善对于交通沿线产业结构、产业空间布局起到了积极的调整作用。交通技术和手段决定空间相互作用的深度和广度,是改变经济活动区位的重要因素之一。交通便利的地区便于原材料的运输和产品的输出,有利于形成不同规模的制造加工中心,集聚众多第二、第三产业,并间接影响第一产业,使资源优势转化成为产业优势。①

4.市场因素

区域市场需求量影响产业空间布局的规模、结构,生产规模的变化必须考虑现实的需求量和潜在的需求量,根据区域消费水平、地区开发程度等,安排资源配置。② 在经济全球化背景下,合作与竞争由国内市场逐步走向国际市场,跨区域发展模式正成为新兴产业常用的产业布局模式。如在公司整体发展目标下,公司总部坐落于城市中心地区,管理人员、研究设计中心、专业技术人员集聚于公司总部,子公司、配套部门分布于城市周边地区,组装车间、加工工厂、采购部门、原材料产地则更多地向城市外围转移。

(三)地区产业集聚

产业集聚理论认为,同一产业内的企业在空间上集聚在一起,呈现出

① 冯金.西安(咸阳)国际化大都市建设背景下咸阳市产业布局研究[D].西北大学,2011.
② 冯金.西安(咸阳)国际化大都市建设背景下咸阳市产业布局研究[D].西北大学,2011.

规模经济、集聚经济等优势，从而使产业集聚区内的企业具有竞争优势。马歇尔的外部经济认为，产业集聚区能产生诸如专业化的供应商、劳动力市场共享以及知识外溢等外部规模经济，从而提升产业集聚区企业的竞争能力。克鲁格曼新经济地理学认为，地区的产业集聚可以因为历史的偶然因素形成，并且一旦形成，集聚的优势会因"路径依赖"而被放大，不断自我强化。

(四)政策环境

区域产业空间发展是其内在机制与人为干预的综合结果，政府对区域产业空间布局起到了至关重要的作用。首先，政府产业规划引导着产业空间布局的发展方向。产业规划更多的是一种政府行为，政府利用这种高效的调控手段，将专家智慧、领导集体意志、法律或行政手段施加于区域空间结构发展与产业空间布局的调整过程。其次，区域产业布局同政府的政策调控也存在密切关系，包括产业政策、土地政策、贸易政策、投融资政策以及国际政策等。合理的产业政策可以成为新旧动能转换的推动力。

第二节　山东新旧动能转换的产业空间布局模式选择

一、新旧动能转换的产业空间布局实证基础

(一)聚类分析

聚类分析(Cluster Anlysis)又称群分析，是根据事物本身的特性，按照一定的类定义准则，对所研究事物进行归类。以分类对象为标准，可把聚类分为变量聚类和观测聚类，对所得到的公因子进行聚类分析。本书根据山东省各地市产业发展动力演进规律和结构，采用K-均值聚类方式进行聚类分析。K-均值聚类也称快速聚类，它将数据看成 k 维空间上的点，以距离作为测度个体"亲疏程度"的指标，并通过牺牲多个解为代价换

得高执行率。

下文基于第五章山东新旧动能转换动力结构评价的实证结论，将四个子评价体系（需求推动能力、资源禀赋与产业基础、资本投入与科技创新、政府政策支持）的主成分分析公因子作为自变量引入 K-均值聚类，对山东省 16 个城市依据不同评价体系进行空间聚类分析，变量 Y_1、Y_2、Y_3、Y_4、Y 分别表示需求推动能力评价、资源禀赋与产业基础评价、资本投入与科技创新评价、政府政策支持评价以及综合评价，聚类分析结果见表 7-1至表 7-5。

表 7-1　山东省 16 城市新旧动能转换动力结构的空间聚类

	Y_1 聚类	Y_2 聚类	Y_3 聚类	Y_4 聚类	Y 聚类
济南	2	2	1	1	1
青岛	1	2	1	2	1
淄博	2	3	3	2	3
枣庄	3	3	3	3	3
东营	2	2	3	2	2
烟台	2	1	2	1	1
潍坊	2	2	2	2	2
济宁	3	2	2	3	2
泰安	3	2	3	3	3
威海	2	2	3	3	2
日照	2	3	3	2	3
临沂	3	1	2	3	2
德州	3	1	3	2	3
聊城	3	3	3	3	3
滨州	3	3	3	1	3
菏泽	3	2	3	3	3

表 7-2 山东省 16 个城市需求推动能力的空间聚类分布

	城市
一级聚类	青岛
二级聚类	济南、淄博、威海、烟台、日照、潍坊、东营
三级聚类	德州、聊城、泰安、济宁、菏泽、临沂、枣庄、滨州

表 7-3 山东省 16 个城市资源禀赋与产业基础的空间聚类分布

	城市
一级聚类	烟台、德州、临沂
二级聚类	青岛、济南、威海、东营、潍坊、泰安、济宁、菏泽
三级聚类	滨州、淄博、日照、枣庄、聊城

表 7-4 山东省 16 个城市资本投入与科技创新的空间聚类分布

	城市
一级聚类	济南、青岛
二级聚类	烟台、潍坊、临沂、济宁
三级聚类	威海、日照、东营、滨州、淄博、泰安、德州、聊城、菏泽、枣庄

表 7-5 山东省 16 个城市政府政策支持的空间聚类分布

	城市
一级聚类	济南、烟台、滨州
二级聚类	青岛、潍坊、东营、淄博、日照、德州
三级聚类	威海、聊城、泰安、临沂、济宁、枣庄、菏泽

（二）实证结论

从以上结论可以看出，山东省 16 个城市新旧动能转换的动力发展结构参差不齐，存在较大的产业差距，并已呈现出梯度发展态势。从地理分布上来看，新旧动能转换的动力发展结构逐渐形成以济南、青岛、烟台

3个活力型城市为核心，以东营、潍坊、威海、临沂、济宁5个潜力型城市为次外围层（产业动力核心层），以淄博、泰安、枣庄、日照、滨州、德州、聊城、菏泽8个压力型城市为外围层（产业动力辐射层）的梯状分布格局。三个梯度城市发展差异较大，地理位置邻近，相对生产成本的差异造成了产业的“倒V”形雁阵分工，在客观上已经初步具备微观雁阵产业转移的基础性条件。同时，山东省地域广阔，人口众多，各地区的自然禀赋、人口分布、技术结构呈现显著差异，导致生产要素价格、自主创新能力以及基础设施水平从中心地区向周边地区逐步递减。以济南、青岛、烟台为代表的核心城市在推动产业新旧动能转换的过程中逐步提升新兴技术应用能力，劳动密集型产业逐步被技术、资本密集型产业取代，并逐步向核心城市外围转移，促使生产要素在各区域间流动并重组。但是，由于省内各地区的文化习惯、经济制度等因素大体接近，产业结构重复率较高，新旧动能转换的产业传递势必不能如“东亚雁阵模式”“大国雁阵模式”那样严格遵循劳动密集型——资本密集型——技术密集型。此外，在局限性较强的区域性经济范围内，微观雁阵产业转移模式的构建，除了要考虑技术溢出效应的影响以外，还要考虑资本流动、劳动力投入等因素对产业转移替换的直接干预。因此，产业传递选择以及产业传递方式还有待进一步的论证和思考。

二、新旧动能转换的产业空间布局模式选择

新旧动能转换的产业空间布局关键在于科技资源、市场机制、规模经济以及政府支持这四大基础要素的供给及有效配置。根据山东省新旧动能转换过程中产业发展的四大基础要素供给及其结合方式的不同，我们可以将新旧动能转换的产业空间布局模式划分为动力结构稳定型、动力结构优化型以及动力结构调整型三种基本类型（见表7-6）。

表7-6 山东省16个城市新旧动能转换动力结构的空间聚类分布

	城市
动力结构稳定型（活力型）	济南、青岛、烟台
动力结构优化型（潜力型）	东营、潍坊、威海、临沂、济宁
动力结构调整型（压力型）	淄博、泰安、枣庄、日照、滨州、德州、聊城、菏泽

（一）动力结构稳定型（活力型）

济南、青岛、烟台在推动新旧动能转换的进程中完整地具备了科技资源、市场机制、规模经济以及政府支持等四大基础要素。虽然这些城市的四大基础要素支撑与发达国家或地区相比还存在不小的差距，但从国内来讲，这些城市的经济发展仍处在较高的梯度水平。同时，这些城市的技术水平和科技创新能力相对较强。基于此，要素支撑完备型地区的新动能产业发展起步早、发展快、质量高，新动能产业也成为这些城市推动经济社会高质量发展的重要引擎。

（二）动力结构优化型（潜力型）

东营、潍坊、威海、临沂、济宁的科技资源、市场机制、规模经济以及政府支持四大要素支撑相对完善。但对于推动新旧动能转换战略而言，这些城市缺乏高水平的科技支撑和技术资源储备，比如缺乏优质的科技研发机构和高等院校，缺乏高水平的人才队伍，缺乏推动科技发展的政策环境和激励机制等，这些不利因素会不同程度地抑制新动能产业的萌芽和发展。因此，针对这些地区，政府可以完善政策引导、体制设计、产业规划以及制度激励等一系列政策措施，吸引各类推动战略性新兴产业发展的生产要素，激发产业内部动力，改善产业发展的外部环境。

（三）动力结构调整型（压力型）

淄博、泰安、枣庄、日照、滨州、德州、聊城、菏泽等城市与前两类城市相比，不仅市场机制相对滞后，科技资源流动不畅，而且高科技储备和人才供给不足，以上因素都会影响该地区新旧动能转换的空间布局和优化调整。值得强调的是，科技资源和市场机制并不是决定新动能产业发展的充要条件，若个别地区拥有战略性新兴产业发展所需的独特矿产资源或地理区位，亦可借此优势大力培育和发展战略性新兴产业；而且，政府的适当扶持和引导，也可在一定程度上优化相应的投资环境，促进相关要素流入，以此促进新动能产业的发展。从某种意义上说，政府的政策扶持也是一种资源供给，其产业政策效应使得新旧动能转换实现突破式发展成为可能。①

① 杨英，张浩良.广东战略性新兴产业空间布局研究：基于因子分析法和聚类分析法[J].中国发展，2012，12(2)：60-66.

第三节 山东新旧动能转换的产业空间布局整体思路和优化路径

一、新旧动能转换的产业空间布局整体思路

新旧动能转换的产业发展和空间布局调整不仅要考虑区域资源配置的局部优化，更要从全省乃至全国产业发展的整体最优视角进行统筹协调。同时，产业布局还要从城市区域经济一体化的角度考虑，在城市形态、交通设施、信息网络以及区域环境等方面探索区域合作机制。要充分利用各地市在山东省新旧动能转换布局中的产业优势，通过相应的体制设计，与周边城市构建梯度发展战略联盟，不断向周边城市形成产业辐射，产生良好的示范效应、互动效应、集聚效应，以此提高山东省新动能产业发展的整体水平。

山东省新旧动能转换的产业布局可以考虑“点—轴”布局模式结合“中心—外围”布局模式，逐步形成“三极三带”的环状布局。其中，“三极”是指济南、青岛、烟台“三角优势”的新旧动能转换动力引擎极；“三带”是指济南、青岛、烟台三城市组成的活力型新旧动能转换产业带，以东营、潍坊、威海、临沂、济宁五城市为主的潜力型新旧动能转换产业带，以淄博、泰安、枣庄、日照、滨州、德州、聊城、菏泽等城市组成的压力型新旧动能转换产业带。

首先，济南、青岛、烟台是中国经济对外开放前沿城市，外向型经济比较发达，相对成熟的市场机制为产业发展提供重要支撑。在产业定位方面，要重点发挥“三角优势”，成为带动山东省新旧动能转换的产业发展增长极，带动周边城市利用各自产业特点，实施差别化发展战略。

其次，活动型产业带要依托高新技术产业园区，基于各自的产业基础建设一批电子信息、新材料、生物医药等高新技术产业集群，同时健全项目孵化机制与产权交易机制，推进高新技术成果的产业化，成为带动周边城市新动能产业发展的“排头兵”。潜力型产业带在科研力量和市场开放

程度上不具备明显优势，可以通过体制设计塑造“环境盆地”，充分利用毗邻城市的科技资源，以干中学的方式学习和吸收先进技术，并转化为具有自主知识产权的专利技术。在产业布局方面，要立足各地的资源条件、产业基础和比较优势，加强交通、能源等基础设施建设，制定合理的产业规划，鼓励和吸引技术密集型产业以及产业集群的发展，形成具有地域特色和较强产业竞争力的新动能产业。压力型产业带在科技资源和市场机制供给上存在明显的不足。究其原因，主要是由于这些地区的现有产业基础尤其是高技术产业基础比较薄弱，知识、科技资源不足，高技术人才数量十分有限，经济市场化程度不高，尚未形成良好的产业创新氛围，与潜力型产业带相比还有一定的差距。这些因素严重制约着这些城市新动能产业催生和传统产业提升。因此，压力型产业带要建立健全产业退出、转移机制，对于不符合地区发展方向的“重污染、高能耗”产业适时进行产业转移，加快产业布局调整，根据地区发展优势重点引进具有产业基础的新兴产业。同时，重点突出中心城市的带动辐射作用，以增长极城市为核心，实施中心城市带动外围地区的推进化战略，最终实现城市间战略性新兴产业的良性互动。

二、新旧动能转换产业空间布局的优化路径

(一)构建微观雁阵产业转移模式，加强产业梯度转移

经济活动中，生产要素在不同地区的流动是一个自然现象。资源供给、产品需求、技术进步以及比较优势的动态变化，都可能引起产业在地区间的转移。发达国家的某些产业转移到相对落后的国家时，形成了新的生产要素。从总体上来讲，当移入国引入新的生产要素、促进当地经济发展并形成一定的规模以后，受价值规律驱使，它也会将自己较为落后的部分产业剥离并将其转入另一个国家或地区。这一产业转移行为与第一次的承接引进有着一定的区别，因此被称为“二度转移”，产业“二度转移”是一个国家或地区外向型经济的重要组成部分。“二度转移”不仅是承接引导国际产业转移的必然结果，也是经济外向发展的必由之路。基于这样的考虑，微观雁阵产业转移模式应运而生。微观雁阵产业转移主要针

对区际经济发展不平衡的现状，构建区际经济发展差异基础上的产业转移模式。由于产业梯度的客观存在，一个国家或地区将相对落后或不再具有优势的产业转移到其他与该国或地区存在产业梯度差异并且处于较低梯度的国家或地区，使转出地集中力量发展附加值更高的产业；而对于接受地来讲，从高梯度地区转移来的产业在接受地的生产成本更低，有更多的比较优势，从而提高双方的产业结构效益，达到“双赢”的目的。[①] 随着世界经济的发展，发达国家加快了自身制造业结构的升级，同时也加快了产业的对外转移。山东省凭借其优越的地理位置、丰富的劳动力资源和广阔的市场优势，成为国际制造业转移的重要基地。同时，山东省传统优势产业与周边地区存在产业梯度转移现象。因此，将应用于国家间产业转移和分工的雁阵模式拓展为基于经济区域发展差异的地区间雁阵模式，在山东省周边及省内形成新旧动能转换的微观雁阵产业转移，对于提升山东省产业的整体水平具有重要意义。

一方面，山东省主动深入对接京津冀国家协同发展战略，加强与长三角、珠三角以及环渤海地区、东北地区的经济合作，通过高附加值产业的转入，学习产业转出地区的发展经验，吸收其资本和技术。另一方面，打造省内产业转移的微观雁阵体系。围绕新旧动能转换的“十强产业”，深耕每条产业链，通过引进、改造、升级、整合的方式逐步形成产业特色突出、重点环节配套完备的“链主”产业，强化对上下游产业的带动辐射作用。同时，在产业优化升级过程中逐步建立产业退出和转移机制，选择适当模式将衰退型产业转至较低梯度区域，以有效降低生产成本，获得比较优势。对不符合主体功能区发展方向的产业，可以采取设备折旧补贴、设备贷款担保、迁移补贴、土地置换、设立援助基金、生态补偿以及“产业飞地”等措施，促使产业跨区域转移或关闭，加快形成符合主体功能区要求的产业布局。山东中西部资源丰富，产业发展潜力巨大。如山东中部的潍坊、淄博、东营、泰安、临沂等城市，制造业基础好，智力资源丰沛，完全有能力以更低的成本承接高新技术产品的某些精加工环节。

---

① 王东升.青岛市产业结构升级空间策略研究[J].青岛理工大学学报，2007(6)：48-51.

(二)依托省内"两区一圈一带"产业布局,提升新动能产业的竞争力

随着经济发展以及交通设施的完善,山东区域经济发展依据"点—轴—网络"的战略路线,从城市群的集聚,逐渐融入"蓝""黄"国家战略部署,继而贯通省会城市群经济圈、西部经济隆起带。其中,省会城市群经济圈即"1+6"都市圈,是以济南为核心,包括周边泰安、淄博、德州、聊城、东营、滨州等六个城市在内的经济圈。该经济圈处在长三角和京津冀两个经济板块中间,并与山东半岛城市群紧密相连,是沟通南北、承贯中西的重要区域。西部经济隆起带涵盖枣庄、济宁、临沂、德州、聊城、菏泽六个城市以及泰安的宁阳、东平两县,是鲁苏豫皖冀相邻地带。山东省新旧动能转换在产业布局上要深入实施重点城市带动战略,依托山东半岛蓝色经济区、黄河三角洲高效生态经济区、省会城市群经济圈和西部经济隆起带等重点区域,发挥优质资源富集优势,加强城市合作联动,借助产业辐射,推动区域产业融合,实现资源优化配置,着力构建新动能产业带。

(三)加速产业集群建设,构建战略性新兴产业集聚区

产业集群是促进产业升级、结构调整的重要手段,也是带动区域经济发展的有效途径。产业集群可以达到较高的专业化分工程度,使企业所投入的要素成本和交易费用降低,从而有效降低投资的不确定性。同时,产业集群内部具有良好的人文环境和创新环境,集群内的企业既有竞争,又有合作;既有分工,又有协作。这种良性互动关系有利于将集群内部的竞争压力、潜在压力汇聚成企业持续发展的创新动力,并由此带来一系列的管理、产品方面的创新。山东省应围绕战略性新兴产业发展规划,优化资源配置,实施品牌带动、龙头带动作用,着力培养一批科技含量高、市场竞争力强的新兴产业集群,重点发展电子信息与软件业、生物医药产业、现代交通装备产业、太阳能产业、高端机械制造业等产业集群。

(四)实施总部经济布局模式,提升城市产业发展空间

总部经济是一种能够使企业、总部所在区域、生产加工基地所在区域三方利益都得到增进的经济形态。其基本运作机理是某区域基于特有的资源优势,吸引企业将总部设置在中心城市,将生产制造基地布局在生产成本相对低廉的外围地区,充分发挥这两类地区的比较优势,从而使企业

价值链与区域资源实现最优空间耦合，由此带动区域经济协调发展。山东省总部经济的发展应该着眼于本地特色，大力优化发展环境，着力培植、引进国内外先进企业的总部或研发中心、销售中心、生产基地等分支机构落户山东，逐步形成具有比较优势的产业聚集区，同时充分利用总部经济的整合优势，重视区域中心城市的集聚功能和增长极作用，通过中心城市经济活动的扩散，发挥对周边地区的带动作用。

（五）加强人才、环境、制度建设，实现产业跨区域协同发展

科技、人才、资源、制度、环境是构成区域经济系统的重要生产要素，区域经济协同发展就是要通过调节控制各个经济要素的独立运动以及要素之间的关联运动，使经济要素之间的关联支配各个要素的独立发展，形成各个要素相互配合、相互协作的发展态势[①]，从而使各区域相互协调、互惠互利。在新旧动能转换进程中，要突破行政区划的限制，以产业关联度为布局核心，以经济规律和市场机制为准则进行生产要素的流动和分配、经济活动的组织和开展。同时，政府应进一步转变经济职能，明确定位，着重纠正市场失灵引起的外部效应，加强环境与制度建设，为区域协同发展提供可靠的制度保障。

① 王力年.区域经济系统协同发展理论研究[D].东北师范大学，2012.

第八章　山东新旧动能转换的动力机制及实现路径

伴随着我国经济发展进入“新常态”，人口红利消失、资本边际报酬下降和对外开放带来的技术赶超空间收窄，导致济南市产业潜在产出增速持续下滑，经济增长速度也逐步由高速增长转向中高速增长，传统的投资驱动型经济增长方式面临严峻挑战，依靠劳动力、土地、投资等要素带动的传统动能模式已经难以为继。在新旧动能转换期，依靠要素投入、投资增长的传统经济增长方式已经不适应当前经济发展趋势，科学技术创新、产业结构升级以及机制体制变革成为推动产业发展的根本动力。因此，山东省继续深化推进新旧动能转换战略，一方面要推动产业发展动力优化，增加新动力供给，培育发展新动能；另一方面要推动产业结构优化升级，加快传统动能升级。同时，要深入推进供给侧结构性改革，以增加供给来拉动需求；要继续释放制度红利，提供规范高效的制度保障。

第一节　山东新旧动能转换的动力机制构建

在新旧动能转换期，山东省产业发展是多种动力相互融合、相互渗透、相互作用的结果，各种动力形成一定的关联效应，共同作用于产业成长全过程。新旧动能转换的动力机制关注的重点不仅仅是单个动力因素如何作用于产业实体，而是各个动力因子组成动力机制后，如何通过相互间作用共同影响产业成长。在新旧动能转换的背景下，山东省新旧动能转换的产业发展动力机制可以概括为通过需求动力机制、供给动力机制和制度动力机制相互关联、相互作用来共同发挥作用的系统。

从动力因子作用的地域范围来讲，该系统是山东省域内的，以济南、青岛、烟台为地域核心，整合山东省以及相邻京津冀、长三角等重要经济增长带的复杂动力系统；从系统构成来看，根据产业所处的时代背景确定产业动力系统构成，即以科技创新为主动力的供给机制，以市场需求为主动力的需求机制，以产业政策引导、政府财税支持、营商环境保障为主动力的保障机制，三个机制相互渗透、相互融合，共同作用于产业发展全过程。山东省新旧动能转换的产业发展动力系统结构模型如图 8-1 所示，其中箭头方向为动力系统中各因子相互作用的方向。

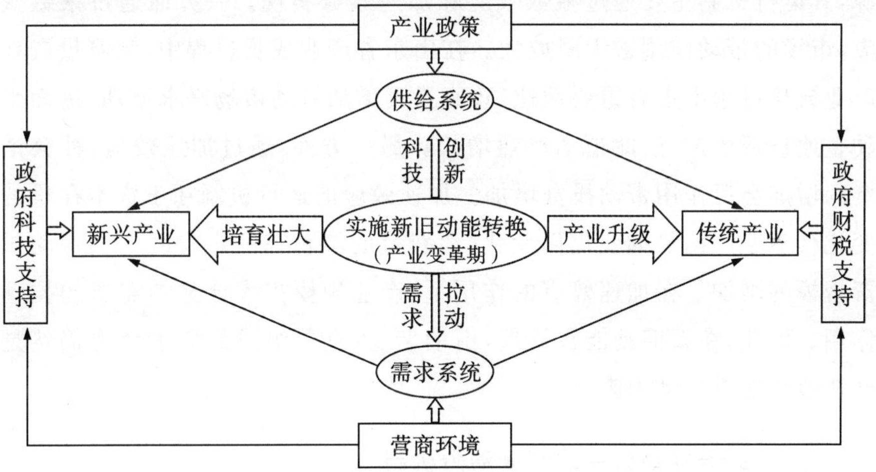

图 8-1　山东省新旧动能转换的动力系统结构模型

一、以科技创新为主的供给动力机制

科技创新不仅是指产业在发展过程中生产技术的创新、产品工艺流程创新，还包括组织形式以及市场活动的创新。科技创新是推动济南市产业发展的关键动力，通过鼓励企业科技创新、技术进步来持续不断地推动产业实现自我技术突破。在新旧动能转换期，传统的经济增长方式面临严峻的挑战，山东省产业要实现跨越式增长有两条途径。一是通过新兴产业的不断涌现和壮大,拓展新的产业模式和产业领域;二是通过传统优势产业技术再变革,推动传统产业与新兴产业融合,实现传统产业转型升级。这两条途径都依赖于技术效率水平的提高。因此,山东省产业发展供给动力机制旨在用增量改革促进存量调整,推动产业结构调整,提高全要素生产率,扩大要素供给范围,使经济实现健康平稳增长。

二、以市场带动为主的需求动力机制

需求动力机制作用机理是通过市场机制的带动作用,使产业实现快速发展。市场需求是供给产生的直接动力,没有市场就不会产生有效需求,也就不会产生有效供给,产业的成长很大程度上依靠成熟市场的带动。在新旧动能转换期,需求动力依然是济南市产业增长的重要动力来源,其运行机制主要通过乘数效应和加速效应实现。一方面通过乘数效应,市场的带动作用被无限放大。在山东省产业成长过程中,政府投资在产业成长过程中占有重要地位,政府投资增加带动市场需求增加,进而带动企业投资增加,以此带动产业增长。另一方面,通过加速效应,社会消费的增加会反作用带动投资增加。加速效应的运行机制在于资本存量的变化会随着产出量的变化而变化,消费量的增长在一定程度上会带动投资规模的增加。在加速效应的作用下,产业规模扩大会叠加需求的拉动作用。因此,在新旧动能转换期,由消费、投资等组成的需求合力仍然是产业增长的重要动力来源。

三、以政府推动为主的制度动力机制

山东省产业形成和发展是多种因素综合作用的结果,除了受供给动力和需求动力的影响之外,产业政策、财税政策、营商政策等宏观环境对推动产业稳定、健康地发展至关重要。山东省政府可以通过推行鼓励性的产业政策、优惠性的税收政策、扶持性的财政政策来营造良好的产业成长环境,借助各种政策产生的连锁反应形成良性的外生制度推动力,以此保障产业成长过程中的外部动力需求。

由此可见,山东省产业发展的主导动力正在发生变化,由政府投资、居民消费为特征的需求导向向以全要素生产率提高、科技变革为特征的供给导向转化，政府对科技的支持度成为推动产业发展的重要动力来源。因此，山东省产业发展动力机制可以概括为以科技创新为主动力的供给机制，以市场需求为主动力的需求机制，以产业政策引导、政府财税支持、营商环境保障为主动力的保障机制，三个机制相互融合，共同作用于产业发展的全过程。

第二节　山东推动新旧动能转换的总体思路和实现路径

2018年，随着《山东新旧动能转换综合试验区建设总体方案》的公布，山东省以供给侧结构性改革为主线，以实体经济为经济发展的着力点，以新技术、新产业、新业态、新模式为核心，使得以知识、技术、信息、数据等新生产要素为支撑的新旧动能转换发展模式的职能和定位更加明确。在此基础上，本节提出山东省新旧动能转换的总体思路和具体的实施路径。

一、推动新旧动能转换的总体思路

加快实施新旧动能转换的重大战略，是山东省积极应对当前需求侧动能后劲不足、供给侧动能制约凸显、产业发展动能亟待升级等挑战的必然要求。随着新旧动能转换战略的深入实施，山东省新动能获得较快发展，“四新”经济增长值从2017年的21.7%上升到2021年的31.7%，“四新”经济的占比达到51.2%，其中高新技术产业产值占比达到46.8%。[①]因此，在明确新旧动能转换的总体思路的基础上，从深化改革、创新驱动、要素支撑、产业转型、对外开放、改革创新等层面厘清全省新旧动能转换的方向和着力点，加快构建新的经济结构和增长格局，为加快推动山东省高质量发展奠定了坚实的基础。山东省已进入加快新旧动能转换的关键

① 山东故事蹲点记丨数读“动能转换的山东之变”[EB/OL].(2022-04-12)[2022-04-15]. https://baijiahao.baidu.com/s? id=1729853467048945360&wfr=spider&for=pc.

时期，必须以供给侧结构性改革为主线，在落实“巩固、增强、提升、畅通”上下功夫。必须坚持科学技术创新和体制机制创新“双轮驱动”，培育壮大战略性新兴产业和改造提升传统产业并重，培育“一体两翼”产业发展的新格局，塑造省会经济高质量发展的新优势。

（一）以科技创新推动“无中生有”，培育壮大新动能

推动新旧动能转换，必须注重新要素培育，特别要注重新技术的引领支撑，构建有利于新要素源源不断涌现的管理架构和治理模式，激发新生产要素活力。[①] 新要素积累到一定程度就会产生新产品和服务，造就新的商业模式，催生新的产业，进而形成新的生产力和生产关系。因此，实体经济是科技创新发展的重点领域，应以技术创新为引领，以新技术、新产业、新业态、新模式为核心，以知识、技术、信息、数据等新生产要素为支撑，以大数据与新一代信息技术、智能制造与高端装备、医疗康养、生物医药、信息技术服务等战略性新兴产业集群为依托，加快发展以数字经济、智造经济、绿色经济、生物经济、分享经济等为代表的新兴业态，培育壮大新动能，顺利完成新旧动能转换。

（二）以产业升级推动“有中促新”，实现传统产业转型

传统产业一直是支撑经济增长的主导力量和我国参与国际竞争的生力军，虽然很多产业仍然处于产业链中低端，产品质量不高，附加值较低，但其规模体量庞大，仍存在巨大的升级和发展空间。[②] 实施新旧动能转换战略，要坚持“两手抓”“两手硬”，避免出现新旧动能转换等同于发展新兴产业的理论误区，更应该避免把大量的人力、物力、财力投入新兴产业领域造成产能过剩，同时部分处于转型窗口期的传统产业因缺少政策扶持而竞争力下降的现象。但是，传统产业也要区别对待。一方面，钢铁制造、机械制造、食品轻工等传统产业是山东省培育扩大国内市场、促进消费升级和产业发展的主战场，经过智能化和信息化改造升级后可以有效满足居民消费升级的要求。如济钢、小鸭、轻骑等一批传统企业实现“老树发新芽”，优势产业的竞争力不断增强。另一方面，对饱受产能过剩困

① 盛朝迅.“十四五”时期推进新旧动能转换的思路与策略[J].改革，2020(2)：5-19.

② 黄汉权.推进产业新旧动能转换的成效、问题与对策[J].经济纵横，2018(8)：32-40+2.

扰、逐步丧失竞争力的传统产业，以钢铁、煤炭、水泥、电解铝、平板玻璃等行业为重点，通过完善能耗、环保、质量、技术、安全等综合标准体系，实施综合标准评价，并严格常态化执法，促使一批能耗、环保、安全、技术达不到标准和生产不合格的产品或淘汰类产能退出行业市场，从而实现行业的健康发展。

二、推动新旧动能转换的具体实施路径

经过改革开放以来 40 多年的高速增长，山东省人均收入已经步入 10000 美元中等收入阶段。全球经济发展规律表明，潜在经济增长率与人均收入往往成反比。随着资本存量的增加、剩余劳动力的减少以及全要素生产率的增长放缓，产业潜在增长速度面临下降的趋势。因此，在新旧动能转换期，山东省要构建以科技创新为主动力的供给机制，以市场需求为主动力的需求机制，以产业政策引导、政府财税支持、营商环境保障为主动力的保障机制相互渗透、相互融合的产业动力优化新机制。

(一)深入实施创新驱动战略，不断催生经济增长新动能

1.以新旧动能转换起步区引领新动能发展

山东省正处在加快新旧动能转换、实现高质量发展的关键期、机遇期、黄金期，要紧抓国家战略机遇，依托新旧动能起步区实现全面升级。以济南新旧动能转换起步区建设作为全省新旧动能转换的重要支点，对标雄安新区，突出高端高效产业发展方向，培育壮大新智造、新科技、新服务、新消费“四新产业”，积极推动新一代信息技术、高端装备、医养健康、精品钢、量子计算、量子通信等为特色优势的产业集群化发展，超前布局高端前沿产业，以此带动全省加快产业转型升级步伐。山东省必须要抓住这次千载难逢的机遇，高起点、高标准、高水平规划建设国家新旧动能转换起步区。充分发挥起步区的引领带动作用，集聚集约创新要素资源，发展高端高效新兴产业，打造开放合作新平台，创新城市管理模式，综合提升基础设施和公共服务水平，建设现代、绿色、智慧的新山东。

2.以新技术催生新动能发展

新一轮技术革命正在加快推进数字化进程，产业间相互融合和渗透

也在加速。山东省要进一步突出创新技术的供给,提升全市的创新能力。对接国家"中国制造 2025"和"互联网+"行动计划,坚持先进制造业和现代服务业"双轮驱动",积极推进智能制造、绿色制造、服务型制造,培育新动能,发展新经济,突出发展大数据与新一代信息技术、智能制造与高端装备、量子科技、生物医药、先进材料、产业金融、现代物流、医疗康养、文化旅游、科技服务十大产业。加快构建上中下游密切衔接、配套完善的现代产业集群,打造山东实现率先发展的领跑产业、拉动经济增长的龙头产业。同时,培育自主创新能力,推动高水平创新平台建设,依托国家以及省重点科技园区,打造具有国际水准的科技示范中心,加速推进具有自主知识产权的示范产业,以此带动山东省经济从要素驱动到创新驱动的转化。

3.以新模式推动新动能发展

"互联网+"是促进产业升级、推动市场化改革的重要举措。经济发展新模式就是借助"互联网+"平台,把分散的、海量的资源重新融合,使供给与需求达到精准匹配,以此提升实体经济的创新能力,形成更广泛的以互联网为基础的经济社会发展新业态。山东省要进一步实施"互联网+工业"战略,大力培育发展工业互联网、工业云、工业大数据等新兴业态。鼓励企业开展线上线下融合、柔性制造、个性定制等制造模式创新,促进传统制造模式转型升级。同时,"互联网+协同制造"也是制造业发展重点。山东省要提升制造业数字化、网络化、智能化水平,发展基于互联网基础的协同制造业新模式,例如网络协同制造、众包众创、远程服务等新模式。鼓励企业向单纯提供制造产品与服务过渡,深化生产和服务企业的专业化分工,支持工业企业向专业化服务机构购买生产辅助服务、研发设计、品牌营销、售后服务、生活服务等产品,以此开启从生产型制造业向服务型制造业的转型,走产业融合、创新发展之路。

4.以新制度保障新动能发展

新产业、新业态、新模式的飞速发展对原有的治理模式提出了新的挑战,创新治理模式,以新制度保障新动能的发展,成为推动城市转型的重要内容。建设运行高效、治理规范的服务型政府是实现经济动力结构优化的重要保障。山东省要创新先行区体制机制,发挥先行示范作用。山东省应推动行政与经济管理职能适度分离、相互协调，创新管理机构设置，实施“大部制、扁平化”管理，探索法定机构管理模式。同时，山东省要进一步加大简政放权力度，推进大部制改革步伐，将部分有利于促进动能转换的行政权力事项依法下放或委托到具体实施部门；明确监管内容，创新监管模式，建立统一高效的数据采集、监测、分析和预防体系；规范行政程序、行为、时限和自主裁量权，提高政务公开水平，增强政府公信力和执行力，营造稳定、公平、透明、可预期的营商环境。

（二）推动产业结构优化升级，加快传统动能升级

1.化解过剩产能，推进加快产业升级步伐

山东省要把化解过剩产能作为加快产业升级、实现资源优化配置的首要任务，逐步探索构建市场自动出清的长效机制，淘汰落后产能，推动产业转型升级。要根据市场变动趋势，预估去产能行业和去产能力度，使产能利用率和淘汰率保持在合理区间内。同时，要加强市场供需双方信息引导，防止某些战略性新兴产业集中投资建设，形成新的产能过剩。

2.改造提升传统优势产业，提升传统产业的竞争力

山东省传统优势产业涵盖面广，其中装备制造业、现代高端农业、创意文化产业、高端化工业、现代金融服务业都具有雄厚的产业基础和发展优势。要改造提升传统产业，就要加速引进新技术、新管理和新模式，瞄准全球产业新标准，使传统产业重新焕发生机和活力。同时，瞄准高端市场，打造制造业全球产业链，建设具有世界水平的制造业产业集群，形成新动能制造业的中坚力量。

3.推动新老产业融合发展，拓展新动能发展空间

山东省要密切关注全球科技变动趋势，推动“互联网＋”与传统产业深度融合发展。继续推动战略性新兴产业崛起、扩容和突破，打造战略性新兴产业高地，使产业深度融合发展成为培育经济增长新动能的重要载体。新能源产业、新材料产业、信息技术产业、医养健康产业作为新兴产业融合发展的突出代表，承担着加快新旧动能转换、促进经济转型升级的重要职责，将有力推动全省经济由“山东制造”向“山东创造”“山东智造”跨越。

(三)推动创新驱动发展战略,不断提高产业科技水平

1.加强高端要素支撑,提升传统要素水平

推动产业新旧动能转换,要有科技、人才、信息等高端生产要素作为支撑。在信息技术红利持续释放的背景下,知识、技术、信息等高端要素将取代土地、资金、劳动等传统有形实物资本,成为支撑新产业发展和传统产业改造的主导性生产要素和最重要的战略资源。① 为此,山东省要继续深入实施创新驱动发展和科教兴市战略,加快建设创新平台,优化创新生态,打造人才特区,加速集聚高端资源,为高质量发展提供强要素支撑。同时,注重传统要素提升,及时破除阻碍传统要素升级的羁绊,促进劳动力、资本、机器设备、能源资源等传统要素提质升级、合理流动和充分利用,让传统要素和新要素相互辉映、共同作用,为新旧动能顺畅转换提供有力支撑。

2.完善创新机制,提高产业的整体竞争力

从创新驱动发展的理念出发,以技术创新、产业创新和体制机制创新为核心,发展创新型经济。从政府角度出发,通过产业、税收、环境等政策引导,推动经济由要素驱动型向技术驱动型转变,以此推动经济增长方式转型升级。从产业角度出发,构建现代产业体系,加快提升传统优势产业,培植战略性新兴产业,使整个产业从资本驱动的粗放型向知识驱动的集约型转变。从企业的角度看,通过企业自主创新,积极促进科技成果向现实生产力转化,重视人力、科技等生产要素,提高全要素生产率,以此提高企业整体竞争实力。

3.加大对外开放步伐,积极融入全球产业链

利用全球资源,积极融入全球产业链是不断提升山东省产业发展态势和分工地位的重要途径。山东省通过稳步提高对外开放的质量和水平,不断增强全球高端资源要素配置能力,拓展了新旧动能转换的新空间。山东省已经对全球 90 多个国家和地区进行非金融类直接投资,涉及基础建设、工业制造、农业开发、资源利用等多个领域,涌现出中国重汽、山东高速、浪潮集团、齐鲁制药、玫德集团、域潇集团等一批龙头企业。下

① 杜传忠,郭美晨.第四次工业革命与要素生产率提升[J].广东社会科学,2017(5):5-13+254.

一步，一方面依托山东自贸试验区建设，加强济南片区、青岛片区以及烟台片区的协作力度，强化"引进来""留得住""用得好"的招商力度。以人工智能、产业金融、医疗康养、文化创意、信息技术等产业支撑，积极发展跨境电商、服务贸易等新型贸易。另一方面，深入融入"一带一路"建设，推进"走出去"开放步伐。积极拓展"一带一路"沿线市场，加强与沿线国家和地区的经贸合作。

（四）释放制度改革红利，提供规范高效的制度保障

1.深化机制体制改革，释放新旧动能转换活力

针对目前新旧动能转换过程中存在的机制体制障碍和问题，必须以推进供给侧结构性改革为主线，创新监管模式，及时清理阻碍新经济发展的不合理监管制度，拆掉制约新经济发展的藩篱，加快构建适应新经济发展的新规良法。① 要从新旧动能转换理念和顶层设计的角度出发，加快建立适应新旧动能有序转换的制度体系，从根本上解决新旧动能转换的困境。一方面，理顺政府与市场的关系，持续推进高效政府和法治政府建设。建立权责明晰、执行有力、协同高效的行政管理体系，坚持依宪施政、依法行政，提高运用法治思维和法治方式的能力。另一方面，结合"四新"经济的特点，进一步完善动态审慎监管制度，健全社会信用体系，为新经济营造公平的竞争环境。

2.打造人才队伍，提供高质量的人力资源要素

科学技术是第一生产力，产业发展需要人才，而人才的培养主要依靠教育。因此，引进多层次人才是提升产业人力资源水平的重要措施。山东省在人才培养上，需要加大教育经费投入，积极推进世界一流大学和一流学科体系建设，培养高科技人才，用科技引领社会生产力发展；在人才引进上，创新人才引进模式，提供高效便捷的人才签证、工作许可审批服务，支持外籍高层次人才和急缺人才来鲁工作、创新创业。同时，山东省要建立海外研发机构，加强与全球科研机构、顶尖大学和先进企业的对外交流合作，完善对离岸人才的培养和使用。

① 盛朝迅."十四五"时期推进新旧动能转换的思路与策略[J].改革，2020(2)：5-19.

3.完善财税支撑体系,为新旧动能转换提供制度保障

山东省政府要构建完善财税服务体系,集中释放财政、税收、金融等制度红利,为产业新旧动能转换提供良好的财税、金融政策支持。在政策激励方面,要加强税收激励、财政支持功能,推动各产业实现技术创新和产业转型升级。在金融创新方面,要实现产业融资方式和服务模式的创新,推动金融资源向经济社会发展的重要产业和薄弱产业倾斜,继续推动金融服务绿色化和普惠化发展,为经济社会转型提供有效的金融支持。

专题篇

第九章　“互联网+”数字产业培育经济增长新动能

以数字技术为代表的高新技术突飞猛进，以数字产业化和产业数字化为主要特征的数字发展水平成为衡量国家综合竞争力的重要指标，人类社会正在经历着有史以来最迅速也最为广泛的深刻变化。数字产业给产业结构和经济社会进步带来的深刻影响，引起世界各国的普遍关注。党的十九大以来，中共中央、国务院对数字经济发展做出了一系列战略部署安排，构建以数据为关键要素的数字产业，对于推动经济发展具有重大的战略意义。

新时代的背景下，面对资本边际报酬递减、人口红利逐渐消失、资源环境约束加强、逆全球化和贸易保护主义抬头等一系列不利因素，数字经济成为经济增长的新动能之一。“十三五”期间，山东省数字经济取得了巨大的发展成就。全省数字产业创新创业活跃，新科技、新模式、新业态不断涌现，数字技术与实体经济深入融合并推进，5G技术、工业互联网、人工智能、高端软件、区块链、大数据等新一代信息技术已成为山东省新旧动能转换的重要产业支撑和载体。在数字产业发展进程中，顶层设计不够科学、数字产业基础薄弱、数字产业融合能力有待提升、数字产业人才供需不平衡等方面的瓶颈因素逐渐暴露出来。因此，研究山东省如何切实解决好数字经济产业发展中存在的问题，构建数字经济产业发展的体制与机制，加快数字经济产业的健康快速发展，对于推动新旧动能转换、构建经济增长新格局具有重要的现实意义和深远的历史意义。

第一节 数字经济的概念与作用机理

一、数字经济的概念

数字经济最早是在美国的唐·泰普斯科特(Don Tapscott)于1996年发表的《数字经济:智力互联时代的希望与风险》一文中出现,1998年美国商务部发布的《新兴的数字经济》报告表明数字经济的提法正式成立。[①] 随着全球互联网的迅速发展和智能手机的更新迭代,数字经济进入快速增长期,带动了经济社会运行形态和运作方式的重大变革。同时,数字经济的内涵和外延也在不断扩展。数字经济是以数字化的知识和信息作为关键生产要素,以数字技术为核心驱动力量,以现代信息网络为重要载体,通过数字技术与实体经济深度融合,不断提高经济社会的数字化、网络化、智能化水平,加速重构经济发展与治理模式的新型经济形态。[②] 具体来讲,数字经济主要涵盖三个层面:一是数字产业化,也就是一般的数字经济信息产业,包括计算机通信和其他电子设备制造、电信广播电视和卫星传输服务、互联网和相关服务、软件和信息技术服务等为数字经济提供服务和解决方案,是数字经济发展的基础。二是产业数字化,指应用数字技术和数据资源为传统产业带来的产出增加和效率提升,强调数字技术与实体经济的融合。三是数字化治理,即"智慧治理",利用大数据、人工智能等新一代技术手段感知、分析、改善、整合社会运行核心的各项关键信息,利用数据互通全面协调全社会及跨部门的流程再造,以数据融合的方式实现社会管理、决策、服务和执行,实现复杂治理问题的超大范围协同、精准"滴灌"、双向触达和超时空预判。根据国家《数字经济及其核心产业统计分类(2021)》,数字经济核心产业分为数字产业化和产

① 丁守海,徐政.新格局下数字经济促进产业结构升级:机理、堵点与路径[J].理论学刊,2021(3):68-76.

② 许梦博.充分发挥数字经济助推经济增长的重要作用[J].人民论坛·学术前沿,2021(6):66-71+103.

业数字化两大部分,具体指标见表9-1。

表9-1 数字经济及其核心产业分类

<table>
<tr><th></th><th>一级指标</th><th>二级指标</th><th>具体指标</th></tr>
<tr><td rowspan="20">数字经济核心产业</td><td rowspan="19">数字产业化</td><td rowspan="6">数字产品制造业</td><td>计算机制造</td></tr>
<tr><td>通信及雷达设备制造</td></tr>
<tr><td>数字媒体设备制造</td></tr>
<tr><td>智能设备制造</td></tr>
<tr><td>电子元器件及设备制造</td></tr>
<tr><td>其他数字产品制造业</td></tr>
<tr><td rowspan="4">数字产品服务业</td><td>数字产品批发</td></tr>
<tr><td>数字产品零售</td></tr>
<tr><td>数字产品租赁</td></tr>
<tr><td>数字产品维修</td></tr>
<tr><td rowspan="3">数字技术应用业</td><td>软件开发</td></tr>
<tr><td>电信、广播电视和卫星传输服务</td></tr>
<tr><td>互联网相关服务</td></tr>
<tr><td rowspan="5">数字要素驱动业</td><td>互联网平台</td></tr>
<tr><td>互联网批发零售</td></tr>
<tr><td>互联网金融</td></tr>
<tr><td>数字内容与媒体</td></tr>
<tr><td>信息基础设施建设</td></tr>
<tr><td>产业数字化</td><td>数字化效率提升业</td><td>智慧农业、智能制造、智能交通、智慧物流、数字金融、数字商贸、数字社会、数字政府</td></tr>
</table>

二、数字经济推动新旧动能转换的作用机理

党的十八大以来,党中央高度重视数字经济发展,将其上升为国家战略。大数据已经成为一种重要的生产要素参与社会经济运行,发展数字经济已经成为推进新旧动能转换的重要动力来源,是国民经济持续增长和高质量发展的重要引擎。

首先，数据成为重要的生产要素，是培育经济增长新动能的有效途径。在数字经济下，数据作为关键生产要素，与劳动力、土地、资本等传统生产要素相比具有强渗透性、高共享性、易存储性等禀赋特征。社会经济主体通过与数字基础设施的广泛链接，逐步成为数据创造、使用、共享的主体，其参与的各项经济行为及其行为创造的经济成果如商品、服务、货币等逐渐数字化。互联网突破了时间和空间的限制，将世界经济连为一体，数据作为重要的生产要素摆脱了传统生产要素的供给约束，成为社会发展的重要战略资源。

其次，借助"互联网+"优势，数字经济逐步发展成为新兴主导产业。以科技创新为代表的新一轮产业变革方兴未艾，随着新技术的不断成熟，新产业、新模式、新业态、新产品层出不穷。借助互联网平台，数字产品与服务凝结着创造性的复杂劳动和科学技术，并经由新技术推广与复杂劳动改造成为经济社会中的新产品与新服务内容，催生了新的需求，而新的需求又吸引大量新企业和研发机构持续加入，反过来又进一步地促进了数字技术进步与知识积累，形成不断创造技术和财富的力量。[①] 颠覆性的数字科技及其带动的战略性新兴产业必然会在短期内引起现有产业结构的调整与升级，也会影响未来产业长期的发展方向，从而推动新兴数字产业的集聚和发展。

最后，数字技术赋能实体经济，成为推动新旧动能转换的重要动力来源。实体经济乃国之命脉，是国家竞争力的集中体现。数字技术的不断进步和成熟，为实现数字技术与实体经济融合提供了基础和前提。通过提高高端数字的要素供给，有效地推动了产业结构优化升级。数据作为新的生产要素嵌入生产、流通和消费的各个环节，与其他生产要素的融合能够调整实体经济中各种生产要素的投入及其组合方式，通过技术革新提高劳动生产率，改变传统产业的业务流程模式，重塑价值链和产业链[②]，颠覆传统产业的运作模式和管理理念，催生一系列新产业和新业

① 蓝庆新.数字经济是推动世界经济发展的重要动力[J].人民论坛·学术前沿，2020(8)：80-85.

② 胡西娟，师博，杨建飞.数字经济优化现代产业体系的机理研究[J].贵州社会科学，2020(11)：141-147.

态，实现数字赋能对传统产业的改造和提升。

第二节　山东数字经济产业发展现状

一、山东数字经济产业发展的整体态势

（一）数字产业规模日益壮大，成为推动经济发展的重要引擎

当前以互联网、大数据、云计算等为代表的新一代信息技术迅猛发展，信息化高度渗入经济社会的很多领域，数字经济已经被看作科技革命、产业变革的领导力量，并可能影响全球竞争的格局，为国际经济发展与社会进步输送新的血液。[①] 山东省抓住新旧动能转换和新一代技术发展的重要契机，聚焦数字引领，以数字产业化、产业数字化和数字化治理为战略核心，全面扎实推进工业互联网、人工智能、5G、智慧城市等创新发展行动计划，着力打造数字先锋城市。发挥大数据与新一代信息技术的产业优势，加快数字化转型升级，强化软件“赋能”“赋值”“赋智”作用，推进软件业高端化、集群化、融合化发展。“十三五”期间，山东省数字经济引领增长态势基本形成，数字经济总量突破 3 万亿元，年均增速超过 30%，显著高于同期 GDP 增速。《中国区域与城市数字经济发展报告（2020 年）》显示，2019 年山东省数字经济竞争力指数为 76.46，在全国排名第 6 位。[②] 面对全球新冠疫情肆虐带来的经济压力，数字经济在重振经济、抗击疫情中表现出巨大的优势和潜力，成为带动全省经济增长的重要引擎。

（二）加快数字融合发展，产业数字化水平显著提高

数字经济催生出的新技术、新业态、新模式不断发展，持续释放庞大

---

① 丁守海，徐政.新格局下数字经济促进产业结构升级：机理、堵点与路径[J].理论学刊，2021(3)：68-76.

② “十三五”期间山东数字经济总量突破 3 万亿　信息化与工业化融合发展水平全国第二[EB/OL].(2021-03-10)[2022-04-01]. https://baijiahao.baidu.com/s? id=1693840908945607631&wfr=spider&for=pc.

市场的内需潜力，数字经济的发展是经济平稳增长的重要推动力。2021年，山东省“十强”产业中，新一代信息技术、新能源新材料、高端装备产业增加值分别增长17.1%、32.2%和17.5%；光电子器件、半导体分立器件、集成电路、工业机器人等高端智能产品产量分别增长73.1%、34.6%、65.2%和38.7%；软件业务收入7970.4亿元，增长29.3%。[①] 山东省持续加强数字赋能，通过推动数字经济与传统产业的不断融合，促进新兴产业的发展，推动产业的智能化、信息化，优化产业结构，促进传统产业的转型升级。值得关注的是数字经济与制造业融合发展。山东省在深入推进信息化与工业化融合发展的基础上，实施智能制造工程，大力推动互联网、大数据、人工智能等新一代信息技术与制造业深度融合，大力推进工业互联网建设和人工智能产业发展，打造出一批数字融合新业态，其中山东半岛工业互联网示范区成为工信部批复的全国第二个示范区，海尔卡奥斯、浪潮云洲等互联网平台连续入选国家跨行业跨领域平台。

(三)基础设施不断完善，城市数字化治理实现突破

山东省全面加强通信基础设施建设与保护工作，高标准高质量地推进通信业发展，通信铁塔统筹建设的工作经验在全国得到推广。“十三五”期间，山东省在5G基站建设、工业互联网、人工智能等新型基础设施建设领域全面升级，“链接高效、智能融合、协同感知”的新型数字基础设施建设体系初步建成。据统计，2021年山东省已全面建成的5G基站突破10万个，省级工业互联网平台突破100个，“上云用云”企业突破35万家，充分说明山东省数字经济重点领域有所突破，已经具有良好的经济基础与创新潜力。2020年山东省发布《关于山东省数字基础设施建设的指导意见》，在全面落实《数字山东发展规划(2018～2022年)》要求的基础上，进一步提升全省数字基础设施建设的水平。可以预见，在不远的将来，山东省数字基础设施建设将更加科学合理，对山东新旧动能转换的战略实施起到更加明显的推动作用。

① 2021年山东省国民经济和社会发展统计公报[EB/OL].(2022-03-02)[2022-04-01]. http://tjj.shandong.gov.cn/art/2022/3/2/art_6196_10294366.html.

(四)数字经济的顶层设计和治理环境更为完善

山东省不断加强数字经济发展的顶层设计,优化数字产业治理环境,为数字经济高质量发展夯实了制度基础。山东省发布《山东省推进工业大数据发展的实施方案(2020～2022 年)》《山东省支持数字经济发展的意见》《山东省数字经济园区(试点)建设行动方案》等政策引领,专项制定区块链创新发展行动计划,从要素支撑、需求场景、产业集聚、财税支持、人才保障、环境治理等方面提出加快数字融合和数字治理的具体方案,逐步打造建设数字产业化、产业数字化、城市数字化协同发展的标杆城市。同时,山东省围绕高质量发展,进一步优化营商环境,出台《营商环境创新 2022 年行动计划》,在优化市场环境、健全进入退出机制、精简审批程序、降低运营成本、增强融资力度、强化财税支持等方面全力推动全省数字经济产业营商环境创新突破,以“包容”“审慎”的态度为数字经济发展保驾护航。山东省支持数字经济产业发展的相关政策见表 9-2。

表 9-2　山东省支持数字经济产业发展的主要政策措施

发布时间	名称	发文字号	重点内容
2021.7.21	《山东省“十四五”数字强省建设规划》	鲁政字〔2021〕128 号	加快建设数字强省,提出数字强省的总体目标和要求,重点在数字基础设施建设、数字科创高地、数字经济融合创新、数字政府建设、智慧数字社会建设以及数字生态建设领域提出具体的战略规划。
2021.4.15	《数字山东 2021 行动方案》	鲁政办字〔2021〕23 号	全面推进数字强省建设,在数字政府、数字经济、数字社会、基础设施等重点领域提出具体行动方案,并完善推进措施,督促任务落实。
2020.3.23	《山东省人民政府办公厅关于山东省数字基础设施建设的指导意见》	鲁政办字〔2020〕34 号	加快推进全省数字基础设施建设,提出建设通信网络、构建数据处理体系、布局智能终端设施、升级融合传统设施以及打造防控设施体系五项重点任务,并提出具体的保障措施。

续表

发布时间	名称	发文字号	重点内容
2019.7.12	《山东省支持数字经济发展的意见》	鲁政办字〔2019〕124号	明确山东省数字经济的发展目标和任务，在要素供给、人才支撑、创新活力、资金扶持、培育市场等重点领域给予政策支持。
2019.2.17	《数字山东发展规划（2018～2022年）》	—	明确数字山东建设的总体要求和六大发展目标，在数字基础设施建设、培育数字经济新动能、打造数字政府以及产业重点建设领域提出具体的战略规划。

二、制约山东省数字经济产业发展的因素分析

通过以上分析可以看出，山东省数字产业的总体市场规模逐年攀升，在区域内具有较强的竞争力，但在产业顶层设计、优化产业布局、提高产业创新能力、防控产业风险、培养数字人才等方面还有较大的发展空间，这也是今后山东数字经济产业努力的方向。

（一）数字产业顶层设计还有待改善

数字经济产业作为一种新业态，尚处于新的探索阶段，面临着很多不确定性，而且构建经济发展新格局对数字经济产业的发展又提出了许多新的要求，因此，数字产业相关规划的制定、实施显得尤为重要。目前山东省数字产业统筹规划的发展机制尚未建立，尚未形成上下衔接、横向互通的规划网络体系，规划条线不够精细，分层分级职责还不明确，缺少高水平的综合性数字经济发展规划和专业的条线发展规划。

（二）数字经济对经济增长的推动作用有待发挥

2021年，山东省数字经济占GDP的比重在40%左右，而且主要集中于产业的应用端，而美国、欧盟等发达地区数字经济的占比已达到60%，而且多集中于芯片和操作系统等创新应用。数字产业自主研发能力和技术应用能力相对薄弱，数字经济对经济增长的推动力还未达到理想水平。2022年，山东省制定《山东省2022年数字经济“重点突破”行动方案》，着力在7个重点领域实现数字经济的突破性发展，实现数字经济核心产业

占 GDP 比重达到 7%的发展目标。由此看来,山东省数字经济还有较大的发展空间。

(三)产业融合发展能力和风险防控能力还有待提升

产业数字化的本质是借助数字赋能将技术创新、模式创新与传统行业相融合。但就目前来看,山东省数字技术的应用主要集中在流通和消费领域,农业和制造业领域数字化转型效果不理想,数字技术与制造业研发、设计、生产等前端环节融合度较低,三次产业呈现逆向融合渗透的趋势。另外,数字产业风险防控能力有待强化。人工智能等数字技术是通用性的颠覆性技术,其广泛应用可能会对现有的就业结构、法律与社会伦理等带来冲击,从而对数字技术产业的持续发展带来负面影响。[①] 若政府对数字技术发展引导不足,政策边界不够清晰,则会出现数字产业龙头企业的垄断现象,严重损害消费者利益。这对政府监管提出了更高的要求。

(四)数字化人才支撑有待增强

截至 2021 年,山东省拥有 153 所高校,其中"双一流"高校 3 所,拥有众多的省级实验室和创新中心,近 1000 家省级以上科研机构,全省人才资源总量超过 1500 万,但数字产业人才缺口仍然较大。这一方面是因为数字产业人才集聚度不高且分布不均衡,主要集中在网络营销、电商等行业,数字技术基础科研领域人才稀缺;另一方面,复合型人才供给不足,多数企业对高端互联网人才吸引力不足,难以留住具备数字技术及信息化与加工制造技能的复合型人才。人才难以为继的结构性短板日益制约数字经济的创新发展。

第三节 先进国家数字经济产业的经验借鉴

一、先进国家数字经济战略规划

面对全球经济增速放缓,数字经济成为驱动世界经济增长的关键力

① 邓丽姝.夯实北京数字经济新动能的战略思考[J].商业经济研究,2021(12):150-154.

量，许多国家都制定了专门针对数字经济发展的顶层战略规划（见表9-3），主要涵盖数字经济的技术研发、新基建、治理结构、互联网应用、跨境合作等，把积极发展数字经济作为推动本国经济增长的新动力。

表 9-3　各地区数字经济产业发展战略规划

	战略规划	主要内容
美国	大数据战略	实施《联邦云计算战略》《改革联邦 IT 管理的 25 点实施计划》《数据科学战略计划》等战略规划，全面部署网络发展战略，勾画美国网络发展的基本路线图。
	互联网应用战略	以“先进制造战略”为基础的“再制造化”战略，强调互联网及智能技术等在制造业领域的应用。
	强化新基建战略	加强无线基础设施建设，强化学校、社区等公共领域的无线互联网接入能力。
欧盟	人工智能战略	实施《欧洲人工智能战略》《地平线欧洲》规划，加大扶持力度，将人工智能作为欧盟未来发展核心，部署相关领域的研发、规范以及投资规划等。
	数据一体化战略	启动《数字单一市场战略》，实现数据跨界共享，消除成员间数据自由流动的法律和监管障碍，同时实施《非个人数据自由流动条例》，完善数据治理框架。
	国际合作战略	欧美签订《安全港协议》《隐私盾协议》《跨大西洋人工智能协议》，欧印签订《个人信息保护法案》，欧巴签订《一般数据保护法（LGPD）》，欧泰签订《个人数据保护法（PDPA）》，在全球范围推广“欧式”数字治理理念。
日本	科技创新战略	实施“综合创新战略”，提出五大重要创新领域，解决创新能力低的问题。
	跨境合作战略	推行“日式”数字治理理念和标准，争夺数字贸易规则制定权。

二、先进国家数字产业发展的经验借鉴

通过分析发达国家在数字经济方面的战略和重要举措，总结出以下几点可资借鉴的经验和启示。

(一)加强顶层设计

顶层设计对数字经济发展至关重要,应根据自身发展现状和特点制定不同的数字经济发展战略,针对数字经济的每一个发展周期,详细制定中长期战略规划以及具体的时间表和任务书。

(二)推动产业融合

国家或地区应根据自身产业基础以及产业优势,在个人数据充分流动的基础上进行数字产业布局和产业数字化改造,通过数字化技术重塑产业链,从供给端提升持续发展和创新能力,深入推动数字经济与其他产业融合发展。

(三)推进新基建

数字产业发展离不开新型基础设施建设,特别是新能源汽车、大数据、人工智能、工业互联网等领域。要以技术创新为驱动,以信息网络为基础,建设集数字转型、智能升级、融合创新等服务于一体的基础设施体系。[①]

第四节 新旧动能转换背景下山东推动数字经济产业发展的路径选择

一、推动数字经济产业发展的宏观政策措施

(一)加强推动数字产业发展的顶层设计

通过出台完善数字经济发展的政策措施,可进一步发挥数字经济的引领性、示范性和支柱性作用,促进数字经济相关基础设施的健全完善,鼓励数字经济核心技术创新稳步开展。山东省应在推进新基建、优化市场环境、加强财政资金引导、完善创新服务、强化人才支撑等方面加强顶层设计,以产业集聚区为载体,充分发挥地方龙头企业的引领带动作用,

① 杜雪锋.数字经济发展的国际比较及借鉴[J].经济体制改革,2020(5):164-170.

加强与京津冀城市圈、长三角城市圈、中原城市群以及皖江城市带的深度融合,探索差异化产业数字化转型路径。

(二)完善包容审慎的监管体制

包容审慎监管是适应新业态、新模式发展特征的重要监管创新。数字产业发展产生的新业态、新模式代表着新的生产力,可能成为爆发新技术革命的重要领域,成为经济发展的新动能。对于这种伴随着不确定性的新业态、新模式,政府应该采取包容的态度,给予容错空间,在深化"放管服"改革的基础上,借助"互联网+监管"的模式,创新管理方式,为数字经济产业发展营造公平合理的竞争环境。

二、推动数字经济产业发展的具体实施路径

(一)构建数字化产业体系,培育经济增长新动能

首先,加快数字产业布局,构建数字化产业体系。山东省应在充分认识自身数字资源禀赋的基础上,与全球数字产业深入对接,加速未来数字产业的前瞻性布局。聚焦下一代光传输技术、5G及6G技术、新一代网络体系架构下的系列关键设备与系统,推动网络技术突破;发展类脑计算,加强脑认知与神经计算基础理论的突破;布局类脑计算机、类脑机器人等整机产品,加强实际应用探索,抢占人工智能技术新赛道。[①] 其次,继续强化优势数字产业,打造具有核心竞争力的产业集群。充分发挥山东省在超算和服务器领域的优势,打造一批具有国际竞争力水平的优势产业集群,如以浪潮为代表的超算产业集群,以济南、青岛、潍坊为代表的智能家居产业聚集区。最后,推动新兴产业发展,培育数字产业增长新动能。山东省在大数据、区块链、量子信息以及卫星产业等领域已经处于全国领先地位,应充分利用领先优势支持济南、青岛、烟台建设新一代人工智能基地,推进济南、青岛区块链产业园区建设,加快实施量子通信"齐鲁干线"项目,推进济南打造卫星物联网核心产业示范基地。

① 山东省人民政府关于印发山东省"十四五"数字强省建设规划的通知[EB/OL].(2021-07-21)[2022-03-01]. http://www.shandong.gov.cn/art/2021/7/21/art_107851_113387.html.

(二)推动产业深度融合,加快推进新旧动能转换

首先,提高数字赋能,推动信息技术与制造业融合。山东省通过推动传统制造业数字化改造和智能化转型,使传统制造业向数字化、高端化、智能化、服务化、绿色化方向发展;围绕新旧动能转换"十强"产业,在高端装备制造、新能源、新材料、绿色化工等重点工业领域实施数字赋能重点突破。其次,构建农业智慧大脑,服务农业精准生产。鼓励特色农产品推广运用区块链、大数据等信息技术,加快建设农产品质量安全追溯体系;加强智慧农业全要素、全系统、全过程技术集成创新与成果推广,打造一批智能、精准、高效、绿色的智慧农业应用示范基地。最后,推动服务业实现数字化发展。大力发展数字文创产业,增强数字技术对内容创作、产品研发、模式创新、创意设计的核心支撑作用;推进区域物流大数据中心建设,利用"互联网+物流"的强大优势,将济南和青岛打造为商贸服务型国家物流枢纽和国家骨干冷链物流基地。

(三)提高数字产业人才供给,推动数字产业高质量发展

首先,构建数字人才培育体系,覆盖基础教育、职业教育、高等教育,并制定相关的数字素养培训指导规范,探索建立适应数字经济发展的科学统筹的培育体系。其次,强化人才队伍建设。在数字经济与传统产业相交融的背景下,企业需要既掌握相关专业技术又懂得大数据分析技术的复合型人才。因此,必须加大人才培养,积极为创新型企业和人才提供配套的政策和资金支持,落实相关优惠政策。最后,利用国际交流、境外合作、企业招聘等方式引进数字人才,通过完善政策法规、创新激励机制等措施营造创新、开放的数字人才发展环境。

第十章　推行绿色低碳发展
拓展新动能发展空间

践行绿色发展理念，推动产业绿色低碳转型是在"双碳"目标下实现经济高质量发展的关键因素。综合考察山东省产业结构演进趋势、碳排放现状以及能源消费结构等基础性条件，明确产业低碳转型的现实困境并提出相应的路径选择，从加强顶层设计、全省协同推进、构建现代产业体系、改善能源供给结构、加强制度保障等方面构建山东产业绿色低碳转型新格局，是山东省积极应对气候变化、推动全社会绿色低碳发展的战略选择，也是山东经济迈向科学发展、拓展新动能发展空间的必由之路。

第一节　产业低碳转型的时代背景与理念阐释

一、时代背景

碳排放产生的温室效应以及由此带来的恶劣气候变化已经成为不争的事实，应对全球气候变化是全人类共同面对的问题。我国经济在飞速发展的同时，也伴随能源的大量消耗。节能减排、绿色低碳发展不仅是应对全球减排压力的战略部署，也是应对国内产业结构调整的重要措施。山东是传统的能源消费大省，伴随产业结构升级、经济发展速度放缓和增长动力转换等常态因素，传统粗放的经济增长模式带来的环境压力与日俱增。研究山东省如何摆脱长期依托传统能源消费形成的产业路径依赖与环境发展压力，大力发展低碳经济，实现产业绿色低碳转型，对推动山东经济高质量发展具有重要的现实意义。

二、绿色发展理念

党的十八届五中全会正式提出“创新、协调、绿色、开放、共享”五大发展理念，其中绿色发展理念的提出和践行更是展现了中国在应对全球环境变化中的担当和使命，也表明了我国从顶层制度框架设计到体制机制保障的从上而下坚定走绿色低碳发展之路的信心和决心，努力实现“双碳”目标是中国对世界的承诺。绿色发展是在考量环境承载力与生产要素约束的基础上打破传统的经济增长方式，把环境要素纳入经济社会发展评价体系，更关注人民生活水平的提高，更注重人与自然的协调与平衡，是追求社会、经济、环境、文化四位一体的可持续绿色发展模式。低碳经济作为实现绿色发展的重要手段和内容，通过技术升级、产业结构转型、制度激励、动能转换、新能源开发利用等多种途径，尽可能降低煤炭、石油、天然气等传统能源的使用频次和消耗数量，争取在同等条件下用非化石能源取代传统能源，尽量减少二氧化碳、甲烷等温室气体排放，推动社会向高效、低碳的生产和生活方式转型。

2021 年习近平总书记视察山东，明确要求山东“在服务和融入新发展格局上走在前、在增强经济社会发展创新力上走在前、在推动黄河流域生态保护和高质量发展上走在前”，对山东省绿色、低碳、高质量发展提出了新的期望和要求。山东省应坚定不移地推行绿色低碳发展之路，打造绿色低碳发展先行区和碳中和先行区，将绿色发展的理念融入山东经济社会的各个领域。综合考察山东省能源供给结构、科技发展水平以及产业转型成本等基础条件，优化能源消费结构，推动主导产业绿色低碳转型，是山东省主动应对全球产业链调整、推动新旧动能转换的战略选择。

第二节 山东产业低碳转型面临的现实困境

“十三五”期间，山东省坚持绿色发展理念，以新旧动能转换为契机，大力推动绿色低碳发展，成效显著，二氧化碳排放量大幅度下降，超额完成国家预定目标。同时，山东产业结构进一步调整，新型服务业快速增长，能源供给、消费结构也逐步优化，新型能源供给增加，能源的利用水平和使用效率逐步提升。但是，全省在产业绿色低碳转型方面仍面临以下困境。

一、基础设施建设提速，面临较大的国际减排压力

随着工业化和城市化的快速推进，山东新基建不断提速。《2021 年山东省国民经济和社会发展统计公报》显示，2020 年山东省建成并开通 5G 基站 10.1 万个，省级工业互联网平台 115 个，637 个新型城镇化重大工程、重大项目开工建设；同时，城市轨道交通、城际高铁、高速公路、深水泊位等重大基础设施建设工程加速竣工。基础设施建设必然带来钢铁、水泥、火电、交通运输等支持社会经济运转的基础产业和保障部门快速发展，这也给山东省产业节能减排、低碳转型带来不小的压力和挑战。2019 年，中国终端能源消费总量为 1995.06 百万吨标准油，是 1980 年能源消耗的 4 倍，占全球终端能源消费总量的 20.53%，是全球最大的能源使用和消耗国(见图 10-1)。

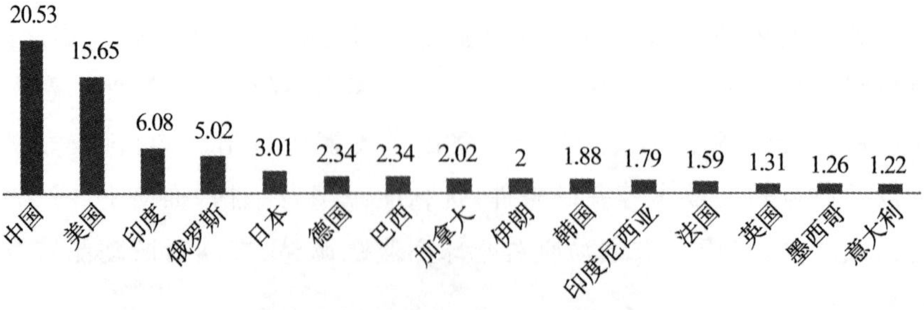

图 10-1 全球主要国家终端能源消费总量占全球总量的百分比

数据来源：《中国能源统计年鉴》(2020)。

从全球范围来看，多数发达国家已经出现去工业化现象，制造业、重化工产业逐步转移到发展中国家，传统制造业在本国经济中的比重越来越小，产业结构以先进制造业和服务业为主。据统计，目前发达国家约70％的碳排放主要来自电力部门和居民消费部门，生产所占碳排放比重较低。因此，发达国家在国际碳减排中拥有更多的主导权和话语权，发达国家与发展中国家围绕全球环境治理的博弈更加频繁。我国作为世界最大的发展中国家以及全球第二大经济体，面临来自国际碳排放市场、减排政策以及减排指标的巨大压力。

二、碳排放总量持续增加，产业低碳转型形势严峻

降低碳排放是应对气候变化、推行绿色生态理念的基础和前提。中国已经做出“双碳”的承诺，作为世界上最大的发展中国家，实现“双碳”目标任务艰巨。根据碳排放量国际通用的测算公式[①]，得出全国和山东碳排放情况见图 10-2、图 10-3。

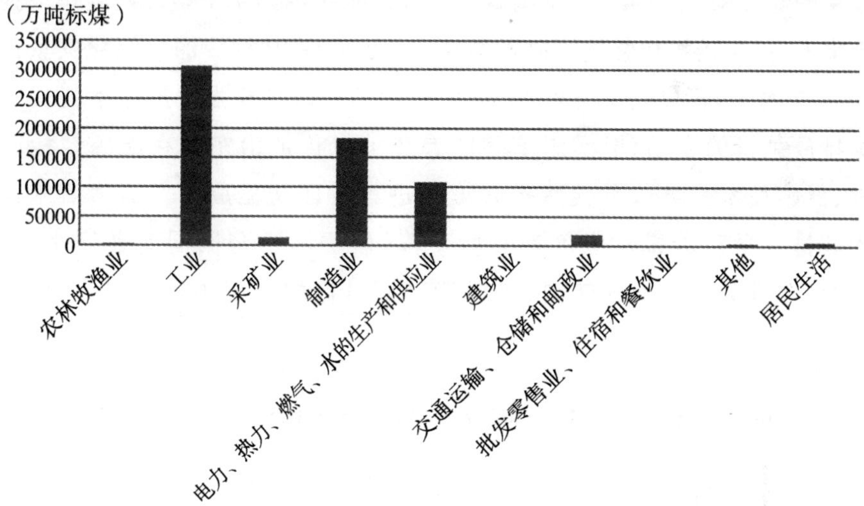

图 10-2　2019 年全国分行业碳排放总量

数据来源：《中国能源统计年鉴》(2020)。

---

① 碳排放总量测算主要根据国家或地区含碳能源消费总量以及含碳能源的碳排放系数估算得到。按照国际通用规则，含碳能源消费终端主要包含煤炭、焦炭、原油、汽油、煤油、柴油、燃料油、液化石油气等 8 种能源。

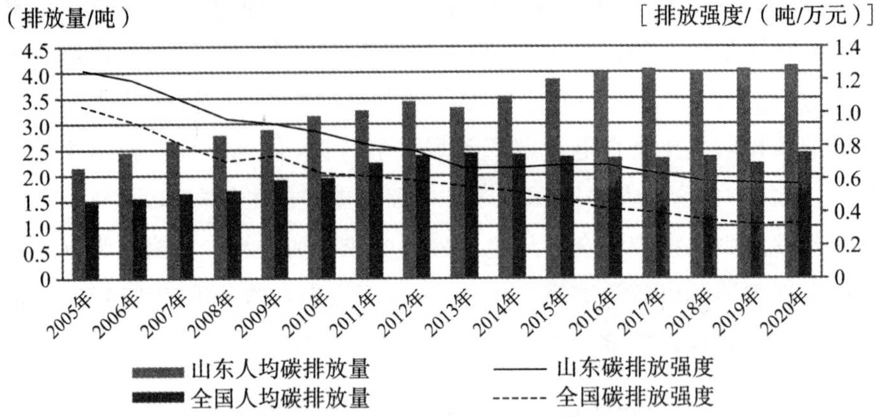

图 10-3　2005～2020 年山东、全国人均碳排放量和碳排放强度

数据来源：《山东统计年鉴》(2006～2021)、《中国统计年鉴》(2006～2021)、《中国能源统计年鉴》(2006～2021)、《IPCC 国家温室气体清单指南》。

从全国范围来看，工业、制造业是碳排放的主要来源。从人均碳排放量看，2020 年山东省人均碳排放量是 4.13 吨，是 2005 年山东人均碳排放量的约 2 倍，是 2020 年全国碳排放人均水平的约 1.7 倍。从碳排放强度来看，山东碳排放强度下降趋势明显，万元 GDP 排放的二氧化碳量由 2005 年的 1.25 吨下降到 2020 年的 0.57 吨。碳排放强度虽然不能反映碳排放总量的变动，但不断下降的趋势可以佐证山东省在能源结构改进、低碳技术升级以及碳减排政策推进等方面初见成效。虽然山东人均碳排放量和碳排放强度都有所下降，但仍高于全国同期平均水平。因此，在推动产业低碳转型、实现“双碳”目标的过程中，山东仍然面临较大的压力。

三、能源使用效率偏低，绿色科技投入有待提高

能源大规模开发以及粗放使用模式的弊端已经逐步显现，对于多数行业来说，合理高效地使用能源是中短期内快速实现绿色低碳转型的重要途径。技术水平、资源稀缺性以及供给结构是直接影响能源利用效率的主要因素，生产技术水平直接影响能源的使用效率，丰富的资源供给往往会导致因资源浪费引起的使用效率降低，供给结构的调整也会引起能源的使用效率变动。山东的石油、煤炭消费占全国的 10％以上，新型能

源供给不足，能源供给结构性矛盾突出，同时重化工、水泥、钢铁、有色金属等高耗能行业在产业结构中占有较高的比重，能源使用效率普遍低于世界平均水平。能源消费结构不够合理一直是阻碍山东经济实现高质量发展的重要因素。

此外，山东在高耗能领域的基础研究欠缺、科技投放不足、成果转化率不高等问题也影响了降碳技术的进展。2020 年，山东省科技研发投入主要集中在制造业、科学研究和技术服务业、教育等领域，对高耗能行业如采矿业，电力、燃气及水的生产和供应业，交通运输、仓储和邮政业等投入明显不足（见表 10-1），与全国平均水平相比还有较大的差距。

表 10-1　2020 年山东省分行业科技投入及比重

	R&D人员折合全时当量（人年）	占比（%）	R&D经费支出（万元）	占比（%）
农、林、牧、渔业	695	0.20	23597	0.14
采矿业	9678	2.84	356848	2.11
制造业	244573	71.78	13360540	78.96
电力、燃气及水的生产和供应业	2948	0.87	171335	1.01
建筑业	9368	2.75	496870	2.94
交通运输、仓储和邮政业	915	0.27	60159	0.36
信息传输、软件和信息服务业	8690	2.55	381318	2.25
金融业	28	0.01	1870	0.01
科学研究和技术服务业	25156	7.38	1186817	7.01
水利、环境和公共设施管理业	346	0.10	22090	0.13
教育	34462	10.11	766611	4.53
卫生和社会工作	3639	1.07	86397	0.51
文化、体育和娱乐业	238	0.07	5460	0.03

数据来源：《山东统计年鉴》（2021）。

第三节 新旧动能转换背景下山东产业低碳转型的路径选择

在绿色发展理念下，山东省应紧紧围绕高质量发展的战略部署，在碳达峰、碳中和的战略目标下，按照“引领示范、突出重点、协同推进”的原则，以推动国家发展战略为契机，从加强顶层设计、全省协同推进、构建现代产业体系、改善能源消费结构、加强制度保障等层面全面构建山东产业低碳转型发展的新格局。

一、树立低碳发展理念，加强顶层发展规划

“十四五”时期是推动产业提质增效、转变经济增长方式、推动社会全面绿色发展的关键期。山东省是传统能源消费大省，也是碳排放大省，在产业绿色低碳转型方面压力较大。因此，加强顶层设计规划，贯彻执行国家碳达峰、碳中和的重大战略部署至关重要。一方面，将绿色低碳的发展理念深入未来城市规划，就绿色低碳发展的目标、任务、政策等提前规划部署，尤其是在产业低碳转型方面，将重点行业、监管部门、低碳技术线路、转型目标等纳入经济社会整体考量；另一方面，制定绿色低碳考核机制并监管执行，细化分阶段目标、重点领域、奖惩机制，强化政府的监管力度。同时，做好国家规划和省、市规划的协调以及部门间的协作。在国家“双碳”政策的基础上，明确山东省在生态保护、新能源开发、产业低碳转型等方面的具体目标和要求，成立工作专班协调推进，充分发挥各级政府在推动低碳转型中的重要作用。

二、以国家战略为契机，全省协同推进低碳转型

山东正处在新旧动能转换综合试验区和黄河流域生态保护和高质量发展等国家战略交汇叠加的重大机遇期，也处在绿色低碳转型的关键期和黄金期。应以国家战略为重要支点，以数据、技术、信息、知识为核心生产要素，重点发展“四新经济”，构建以保护环境、节约资源、绿色低碳为目

标的全省协同推进的现代产业体系和低碳生活方式。一方面,推行试点城市,总结经验,全省推广。根据城市能源结构和发展定位,在不同城市设立产业绿色低碳转型试验区,并对试验区内产业的准入标准、能耗标准、节能标准、碳排放核定标准等综合指标逐步细化,建立综合考评机制。在此基础上,系统分析不同类型城市的转型模式和经验做法,以期对全省产业低碳转型提供参考。另一方面,充分发挥龙头城市的带头作用。济南、青岛、烟台是新旧动能转换战略的三大核心城市,在产业规划和发展方向上都有不同的定位,济南拥有金融、科创、物流中心的优势,青岛借助海洋经济成为东部转型发展增长极,烟台发挥港口优势发展现代制造业。可依托三大核心城市在区域协调发展中的作用,推动绿色低碳产业在区域间的梯度转移,实现产业雁阵的扩散效应和集聚效应。

三、推动新旧动能转换,构建现代产业体系

构建合理高效的现代产业体系是社会实现绿色低碳转型的重要内容和路径。一方面,依托新旧动能转换重大战略,调整现有的产业结构,以科技创新推动“四新经济”发展壮大,同时对传统产业进行绿色低碳改造提升。传统产业是推动消费结构升级、促进国内大循环的重要环节,通过智能改造和数字赋能后可以满足居民消费升级的要求。另一方面,加快去产能和淘汰落后产能的节奏。严格按照国家《产业结构调整指导目录(2019 年本)》和山东省《全省落实“三个坚决”行动方案的通知(2021～2022 年)》有关要求,对照鼓励、限制、淘汰三类标准分类实施,重点关注钢铁冶炼、煤炭采掘、火力发电、建筑材料等行业的产能调整,加快对电解铝、水泥、重化工等“四高”行业落后低效产能进行“关停并转”。

四、改善能源消费结构,积极开发新能源

改善能源的消费结构,积极培育发展新能源是应对能源短缺、推动环境保护的重要内容。山东省新能源产业起步较早,已经形成具有一定规模的太阳能产业集聚区,拥有较为完备的核电产业体系,地热能、智能电网也具备了良好的产业基础。在此基础上,应继续按照《山东省新能源产业发展规划(2018～2028 年)》的战略部署,全面推进山东省新能源产业

发展。一方面，提高新能源开发的科技创新能力。在积极引进国外先进能源技术并内化的同时，利用省内“产、学、研”融合优势建立创新平台和能源研发实验室，以此推动学科建设、人才培养以及成果转化。另一方面，以优势领域为依托，带动新能源产业多层次发展。山东省核电、地热、风电、太阳能、智能电网以及新能源汽车等新能源产业已经具备一定的发展实力，应以重点龙头企业为依托，向上向下延伸产业链条，逐步提高新能源产业的规模和水平，努力打造一批具有国际核心竞争力的非化石能源产业集群。

五、构建全方位的政策体系，强化制度保障

建设运行高效、治理规范的服务型政府是实现产业绿色低碳转型的重要保障。山东省应构建集财政税收、科技创新、人才支撑、社会服务于一体的全方位、多层次政策保障体系，集中释放财政、税收、金融、人才等制度红利，为全省产业绿色低碳转型提供良好的政策支撑。在政策激励方面，要加强财政税收、绿色金融的扶持功能，推动产业技术创新和绿色低碳转型。在政策创新方面，要维持政策创新框架的稳定性，把培育绿色低碳产业、改造提升传统产业、推动产业低碳转型等纳入政策创新的战略目标。同时，完善市场竞争和监管机制，进一步激发市场活力。2021 年 7 月，山东碳市场服务中心正式启动，山东省应积极利用现有的平台优势，鼓励更多的企业参与全国碳排放交易，推动更多的资源要素进入市场，为产业低碳发展提供强有力的体制机制保障。

附录　山东省新旧动能转换重大工程实施规划(节选)

为全面贯彻党的十九大精神,根据《国务院关于山东新旧动能转换综合试验区建设总体方案的批复》(国函〔2018〕1号)精神,按照《国家发展改革委关于印发山东新旧动能转换综合试验区建设总体方案的通知》(发改地区〔2018〕67号)要求,落实省第十一次党代会部署,加快推进新旧动能转换重大工程,全面提升发展质量和效益,制定本规划。

第一章　形势环境

加快新旧动能转换,是我省在决胜全面建成小康社会、开启全面建设社会主义现代化国家新征程中走在前列的重要战略部署,既是重大机遇,也是重大责任,更是重大挑战。综合分析各方面因素,我省有基础、有条件、有能力实施好新旧动能转换重大工程,奋力开创经济文化强省建设新局面。

第一节　基础现状

党的十八大以来,全省上下认真贯彻落实党中央、国务院重大决策部署,积极适应经济发展新常态,以新发展理念为引领,深化供给侧结构性改革,努力探索促进新旧动能接续转换的发展方式和体制机制,经济社会实现持续健康发展。

（一）综合实力迈上新台阶。全省经济保持中高速增长，2013 年以来地区生产总值年均增长 8.2%，2017 年达到 72678.2 亿元，居全国第 3 位；人均地区生产总值从 8 千美元提高到 1 万美元以上。一般公共预算收入 6098.5 亿元，年均增长 8.5%。固定资产投资 54236 亿元、社会消费品零售总额 33649 亿元，分别居全国第 1 位、第 2 位。城乡区域协调发展，新型城镇化和“两区一圈一带”战略深入实施。基础设施日益完善，网络化、智能化水平不断提高。雄厚的综合实力为动能转换提供了充足的韧性潜力和回旋余地。

（二）传统动能改造取得新进展。三次产业结构调整为 6.7∶45.3∶48.0，第三产业成为经济增长主动力，对经济增长贡献率达到 56.4%。全省规模以上工业企业主营业务收入 14.3 万亿元，居全国第 2 位，其中轻工、纺织服装、机械、化工、冶金、建材、医药等 7 大支柱行业占比约 80%。传统产业与信息、智能技术加快融合，转型升级步伐加快，规模以上工业企业完成技术改造投资 1.6 万亿元以上，居全国首位，高端装备制造、生物医药等过 1000 亿元的产业集群超过 10 个。钢铁、煤炭、电解铝、轮胎、水泥等行业落后低效产能加速退出，为先进产能腾出广阔空间。

（三）新经济发展实现新突破。以新技术、新产业、新业态、新模式为主要特征的新经济增加值占地区生产总值比重达到 22.6%。云计算、物联网、大数据、移动互联网等新一代信息技术迅猛发展，新能源、新材料、现代海洋等产业快速成长，战略性新兴产业占地区生产总值比重达到 10.2%。共享经济、平台经济、个性化定制、云智造等新业态新模式不断涌现。信息、金融、科研和技术服务等现代服务业加快发展，电子商务、快递服务增势强劲，为加快培育新经济、促进人民群众消费升级提供了重要支撑。

（四）创新创业迸发新活力。全社会研发经费占地区生产总值比重达到 2.35%。规模以上高新技术产业实现产值 5.5 万亿元，占规模以上工业产值比重达到 35%左右。山东半岛国家自主创新示范区、黄河三角洲农业高新技术产业示范区建设取得积极进展。国家企业技术中心、企业重点实验室、工业设计中心等创新平台数量均列全国第一。国家超级计算济南中心、海洋科学与技术国家实验室（试点）等一批重大科技基础设施高水平建设。量子通信、高端容错计算机系统、深水半潜式钻井平台、高速动车等一批高端科技项目取得重大突破。创新创业生态环境持续优化，专业化、技能型、多层次人才队伍不断壮大，人才资源总量突破1500万人。

（五）改革开放增创新优势。简政放权、商事制度改革和营商环境建设取得积极进展。2013年以来，累计削减省级行政审批事项641项，省市县三级非行政许可审批事项全部取消。全省市场主体达到806.8万户，位居全国第二。国企、农村、金融、医疗、教育、信用体系等重点领域改革走在全国前列。对外开放战略布局更加完善，主动融入国家“一带一路”建设，积极对接京津冀协同发展，中韩自贸区地方经济合作示范区、国家跨境电子商务综合试验区等一批高层次开放平台率先建设，鲁港、鲁台交流合作成果丰硕。进出口总额17823.9亿元，实际使用外资1210.6亿元。优势产能走出去步伐加快，对“一带一路”沿线国家和地区实际投资100.6亿元。

（六）生态建设取得新成效。绿色发展理念更加深入人心，主体功能区格局进一步优化。大气污染防治行动计划加快实施，全省PM2.5、PM10、二氧化硫、二氧化氮等主要污染物平均浓度比2013年分别下降41.8%、33.8%、66.2%、22.9%。水环境质量大幅改善，省控重点河流主要水质指标COD和氨氧化物平均浓度比2013年分别下降9.0%和36.5%。土壤和固废污染防治成效明显，工业固体废弃物资源综合利用率达86.1%。人居环境质量持续改善，绿色、生态、美丽山东新形象初步显现。

第二节　机遇挑战

当前，国内外经济形势持续发生深刻变化，我省发展面临的机遇前所未有，挑战也前所未有，必须深刻把握战略机遇的丰富内涵，积极应对复杂严峻的困难挑战，在新一轮转型发展中赢得先机和主动。

从国际看，新旧动能转换成为世界经济复苏繁荣的关键。全球金融危机爆发以来，世界经济进入长周期深度调整阶段，深层次结构性矛盾集中显现，潜在增长率持续下降，全球经济一体化进程曲折，面临诸多不确定性因素。同时,创新正成为全球经济增长的新引擎,新一轮科技革命和产业变革加速孕育、集聚迸发,特别是信息技术、生物技术、制造技术、新材料技术、新能源技术等广泛渗透到各领域,正在引发国际产业分工深刻变化,重塑世界经济格局。主要发达国家和新兴经济体纷纷调整发展战略,超前部署面向未来的创新行动,积极抢占发展制高点。

从国内看,新旧动能转换成为构建现代化经济体系的战略选择。"十三五"以来,我国加快推进供给侧结构性改革取得明显成效,经济增长的内生力量不断增强,经济运行由降转稳的态势更加巩固。党的十九大深刻阐明了习近平新时代中国特色社会主义思想,为我国决胜全面建成小康社会、实现"两个一百年"奋斗目标和伟大复兴中国梦提供了科学行动指南。坚定实施科教兴国战略、人才强国战略、创新驱动发展战略、乡村振兴战略、区域协调战略、可持续发展战略、军民融合发展战略,坚决打好防范化解重大风险、精准脱贫、污染防治的攻坚战,持续深化产权保护、国企国资、财税金融、政府管理等重点领域和关键环节改革,将进一步推动质量变革、效率变革、动力变革,实现更高质量、更有效率、更加公平、更可持续的发展。

从我省看,新旧动能转换的形势迫切、任务繁重,但潜力巨大、空间广阔。我省发展阶段、经济结构、资源禀赋、区域位置特色鲜明、代表性强,既具备领先发展的基础和优势,也面临转型发展的风险和困惑,有能力也有责任在北方地区率先探索出可复制、可推广的动能转换路径模式。省委、省政府以习近平新时代中国特色社会主义思想为指导,认真贯彻落实党的十九大精神,紧紧抓住山东新旧动能转换综合试验区获批建设的重大机遇,统筹谋划、科学部署,加快健全完善促进新旧动能转换的政策体系和体制机制,将有助于一揽子解决长期以来制约山东发展的瓶颈问题,全面增强经济创新力和竞争力。各级、各部门积极适应新形势新变化新要求,强化危机意识、树立战略思维、增强改革创新本领,广大人民群众坚决拥护、热切期盼齐鲁大地在新一轮发展中勇立潮头、再创辉煌,全省上下形成了凝心聚力加快推进新旧动能转换的浓厚氛围,具备了良好的政治基础、工作基础和群众基础。

第二章　总体要求

第一节　指导思想

以习近平新时代中国特色社会主义思想为指导，全面贯彻党的十九大精神，坚持新发展理念，坚持质量第一、效益优先，以供给侧结构性改革为主线，以新技术、新产业、新业态、新模式为核心，以知识、技术、信息、数据等新生产要素为支撑，促进产业智慧化、智慧产业化、跨界融合化、品牌高端化，实现传统产业提质效、新兴产业提规模、跨界融合提潜能、品牌高端提价值，着力加快建设实体经济、科技创新、现代金融、人力资源协同发展的产业体系，统筹区域协调、城乡一体、陆海联动和减排节能绿色发展，在风清气正的政治生态基础上，打造精简高效的政务生态、富有活力的创新创业生态、彰显魅力的自然生态、诚信法治的社会生态，建设践行新发展理念的高地、推进供给侧结构性改革的高地、对接国家发展战略的高地、承接南北转型发展的高地，推动经济发展质量变革、效率变革、动力变革，提高全要素生产率，实现创新发展、持续发展、领先发展，推进山东由大到强、走在前列，建成全国重要的新经济发展聚集地和东北亚地区极具活力的增长极，为促进全国新旧动能转换、建设现代化经济体系作出积极贡献。

第二节　主攻方向

把握全球科技革命和产业变革趋势，加快推动新技术异军突起、新产业培育壮大、新业态层出叠现、新模式蓬勃涌现，积极培育新的经济增长点，形成引领支撑经济发展的强大动能。

产业智慧化。推动传统产业数字化、网络化、智能化建设，运用新技术、新管理、新模式，加快制造业智慧化改造，提升服务业智慧化水平，推动农业智慧化发展，全面提高产品技术、工艺装备、能效标准，实现价值链向高水平跃升，促进“老树发新芽”“有中出新”，实现传统产业提质效。

智慧产业化。瞄准世界科技前沿，聚焦大数据、云计算、人工智能、集成电路、高端软件、物联网、车联网、空天海洋、生命科学、量子技术、虚拟现实等领域，加速知识、技术、创意向现实生产力转化，打造一批战略性新兴产业发展策源地、集聚区和特色产业集群，推动“筑巢引新凤”“无中生有”，实现新兴产业提规模。

跨界融合化。顺应产业融合发展趋势，深入实施“互联网+”行动计划，培植壮大农业“新六产”，加快制造业与互联网融合、服务业与先进制造业融合、旅游业与上下游产业融合、产城融合、军民融合，推动产业行业交叉渗透提档升级，不断衍生新产业、新模式、新业态，拓展经济发展新空间，实现跨界融合提潜能。

品牌高端化。深入实施质量强省和品牌战略，打造一批国内外知名的产品、企业、行业和区域品牌，加强质量标准建设，推动“山东制造”向“山东质造”转变，打响“好品山东”“好客山东”“诚信山东”“食安山东”品牌，全面提升发展质量和效益，实现品牌高端提价值。

第三节　主要目标

到2022年，基本形成新动能主导经济发展的新格局，经济质量优势显著增强，现代化经济体系建设取得重要阶段性成果。“四新”经济增加值占比年均提高1.5个百分点左右，力争达到30%。

质量效益全面提高。“四新”促“四化”成效明显，新兴产业加快培育，新一代信息技术、高端装备、新能源新材料、现代海洋、医养健康产业不断壮大；传统产业加快改造，高端化工、现代高效农业、文化创意、精品旅游、现代金融服务持续做优，十强产业增加值占比达到60%左右，发展的质量更好、结构更优、效益更高。

创新能力全面增强。全社会科学文化素质显著提高，自主创新在提高社会生产力和综合实力中的战略支撑作用更加凸显，创新创业生态更加优化，创新型省份建设再上新水平，创新型经济形态初步形成。

生态环境全面改善。主体功能区战略和制度深入实施，能源资源利用效率大幅提高，水、土壤和大气质量明显改善，生产生活方式绿色低碳，城乡环境更加优美宜居，美丽山东建设成效显著，人与自然和谐发展新格局日益完善。

动能转换体制机制全面建立。改革的系统性、整体性、协同性进一步提高，使市场在资源配置中起决定性作用，更好发挥政府作用，重点领域关键环节改革取得重大突破，为推进质量变革、效率变革、动力变革提供强力的制度支撑。

开放型经济新优势全面形成。积极融入国家区域发展战略取得重大进展，对内对外双向开放持续扩大，贸易投资便利化程度显著提升，国内国际要素有序流动、资源高效配置、市场深度融合，国际竞争合作能力大幅提高。

第三章　发展布局

第一节　三核引领

充分发挥济南、青岛、烟台市经济实力雄厚、创新资源富集等综合优势，率先突破辐射带动，打造新旧动能转换主引擎。

济南：实施北跨东延、携河发展，在黄河沿岸高起点、高标准、高水平规划建设国家新旧动能转换先行区，集聚集约创新要素资源，发展高端高效新兴产业，打造开放合作新平台，创新城市管理模式，综合提升基础设施和公共服务水平，建设现代绿色智慧新城。

青岛：突出海洋科学城、战略母港城、国际航运枢纽和国家沿海重要中心城市综合功能，以青岛西海岸新区、蓝谷核心区、高新区、胶东临空经济示范区为引领，以胶州湾青岛老城区有机更新示范带和胶州、平度、莱西等县域经济转型升级示范园区为支撑，构筑“四区一带多园”的核心布局。

烟台：发挥环渤海地区重要港口城市、先进制造业名城、国家创新型试点城市优势，强化中心城区引领作用，以烟台经济技术开发区、烟台高新技术产业开发区、蓬长协作联动发展区为重点，以烟台东部产城融合发展示范区、招远经济技术开发区、中心城区功能与产业更新带、国家现代农业产业园为支撑，形成“五区一带一园”的核心布局。

第二节　多点突破

以淄博等14市国家和省级经济技术开发区、高新技术产业开发区以及海关特殊监管区等为重点,创新园区管理运营机制,明确各市产业发展方向,培育特色经济和优势产业,打造若干具有核心竞争力的区域经济增长点。

淄博:布局新能源电池及新能源汽车、智能卡及微机电等未来产业,壮大新材料、生物医药、信息技术、文化旅游、现代金融等新兴产业,改造化工、陶瓷、纺织等传统产业,淘汰建材、钢铁等行业落后产能,打造全国老工业城市和资源型城市产业转型升级示范区、新型工业化强市、齐文化传承创新示范区。

枣庄:布局人工智能等未来产业,壮大信息技术、新能源、新材料、医养健康等新兴产业,改造化工、机械机床、煤电、建材等传统产业,淘汰平板玻璃、水泥等行业落后产能,打造智慧枣庄和资源型城市创新转型持续发展示范区、国家可持续发展议程创新示范区。

东营:布局航空航天服务等未来产业,壮大石化装备、新能源、文化旅游等新兴产业,改造化工、冶金、造纸、纺织等传统产业,淘汰炼油、轮胎等行业落后产能,打造绿色循环高端石化产业示范基地和石油资源型城市转型发展试验区。

潍坊:布局虚拟现实、人工智能、新能源电池等未来产业,壮大高端装备制造、生物基材料、信息技术、现代种业等新兴产业,改造装备制造、汽车、化工等传统产业,淘汰钢铁、造纸等行业落后产能,打造国家农业开放发展综合试验区、虚拟现实产业基地和国际动力城。

济宁:布局第三代半导体、生命健康等未来产业,壮大信息技术、文化旅游、生物医药等新兴产业,改造工程机械、能源、纺织服装等传统产业,打造优秀传统文化传承发展示范区和资源型城市新旧动能转换示范区。

泰安:布局人工智能、生命健康、信息技术等未来产业,壮大高端装备制造、文化旅游体育、新能源等新兴产业,改造建材、化工、纺织等传统产业,打造彰显泰山魅力的国际著名旅游目的地城市和智能绿色低碳发展示范区。

威海：布局生命健康、前沿新材料等未来产业，壮大医疗器械、海洋生物、时尚创意等新兴产业，改造机械装备、纺织、海洋食品等传统产业，打造国家区域创新中心、医疗健康产业示范城市和中韩地方经济合作示范区。

日照：布局生命健康、通用航空等未来产业，壮大文化旅游、海洋生物医药、现代物流、高端装备制造等新兴产业，改造钢铁、汽车零部件等传统产业，打造全国一流精品钢铁制造基地、临港涉海产业转型升级示范区。

莱芜[①]：布局航天航空服务等未来产业，壮大清洁能源、冶金新材料、全域旅游等新兴产业，改造钢铁、汽车及零部件等传统产业，打造高端钢铁精深加工产业聚集区、清洁能源研发制造基地，打造全国产业衰退地区转型发展示范区。

临沂：布局生命健康、航空航天、机器人等未来产业，壮大信息技术、磁性材料、文化旅游、新能源、生物医药、节能环保等新兴产业，改造商贸物流、工程机械、木业、化工等传统产业，淘汰钢铁、陶瓷等行业落后产能，打造国家内外贸融合发展示范区、人才管理改革试验区。

德州：布局生命健康、航空航天材料等未来产业，壮大新能源、生物医药、体育、高端装备制造等新兴产业，改造化工、纺织等传统产业，打造全国重要的新能源产业基地、京津冀鲁科技成果转化基地，建设京津冀协同发展示范区。

聊城：布局医养健康、新能源汽车等未来产业，壮大新材料、生物医药等新兴产业，改造纺织、造纸等传统产业，淘汰冶金等行业落后产能，打造全国领先的铜铝精深加工产业基地、新能源汽车产业基地，建设京津冀协同发展试验区。

滨州：布局航空航天材料、新能源电池等未来产业，壮大高端装备制造、高端化工、新能源等新兴产业，改造有色金属、纺织等传统产业，淘汰火电、电解铝等行业落后产能，打造国家级轻质高强合金新材料产业基地和粮食产业融合循环经济示范基地。

菏泽：布局生命健康、高端装备、前沿新材料等未来产业，壮大高端化

① 2019年1月，莱芜市并入济南市，设立莱芜区、钢城区。

工、生物医药、信息技术、节能环保等新兴产业，改造机电设备、农副产品加工和商贸物流等传统产业，淘汰水泥、纺织、印染等行业落后产能，打造医养健康示范基地、现代农业发展综合试验区、中国牡丹城。

第三节　融合互动

坚持深度融合、互利共赢，立足各地现实基础和比较优势，创新区域协同发展机制，着力在产业升级协作、要素资源配置、基础设施互通、生态环保共建等重点领域深化改革探索，促进特色发展、错位发展和互动发展，努力实现全省整体效益最大化。

推进优势产业统筹培育，优化全省产业布局，引导区域间产业有序转移、整体升级，培育新兴产业特色经济集群。加快产业链条向上下游延伸，提高产业区域配套水平，提升经济发展一体化水平。推进要素资源统筹配置，健全区域合作利益分享机制，促进园区、企业、项目协作，增强资产、资本、资源配置的精准性和系统性，形成更加开放完善的市场体系。推进基础设施统筹建设，坚持全域规划全域共享，健全完善智能化、现代化、一体化综合交通网，围绕能源、水利等领域实施一批跨区域的重大工程，提高基础设施互联互通水平。推进生态环境统筹治理，强化环境同治，完善主要污染物治理区域联防联控长效机制，加强生态建设，提高区域生态安全保障能力，提高生态文明建设水平。

第四章　化解过剩产能置换形成新动能

第一节　明确去产能重点

妥善处理政府和市场、短期和长期、存量和增量、供给和需求关系，根据市场形势变化，适时调整去产能行业、领域和力度，使产能利用率保持在合理区间。

生铁粗钢电解铝。支持钢铁企业转型开发高铁、核电、船舶等领域高端产品，推进济钢产能化解调整，建设青岛、日照先进钢铁制造产业基地、莱芜精品钢生产基地、临沂高端不锈钢产业基地、肥城特种钢产业基地。

煤炭煤电。进一步压缩煤炭生产规模，积极引导安全无保障、资源枯竭、赋存条件差、环境污染重、长期亏损的煤矿产能有序退出。加快推进煤矿企业兼并重组，提高行业集中度。合理安排煤电项目核准建设时序，停建、缓建一批煤电产能，淘汰一批落后煤电，确保实现煤电机组结构调整预期目标。

玻璃水泥。按照国家统一部署，严格控制普通建筑玻璃新增产能，重点突破超薄、高强、无碱、镀膜、高透光率等高性能产品关键技术和装备，促进生产和精深加工一体化发展。加快发展大宗固体废弃物综合利用生产水泥的新技术、新工艺和新装备，重点发展核电水泥、高镁低收缩水泥、低碱水泥等特种水泥，推动水泥产业实现绿色发展和延伸发展。

电动车轮胎。加快淘汰低速电动车产能，严格治理低速电动车违规生产和违法使用，防范新能源汽车产业低水平盲目发展。进一步提高轮胎产业集中度，提升品牌价值。重点发展轻型载重子午胎、工程子午胎、航空胎等特种轮胎，开发绿色轮胎、雪地轮胎、安全轮胎、智能轮胎等乘用车轮胎新产品。

第二节　优化去产能路径

坚决遏制过剩产能扩张。严格执行国家和我省关于产能过剩行业投资管理规定，严禁以任何名义、任何方式核准备案产能严重过剩行业新增产能项目，对确需新上项目实行产能等量或减量置换，严禁办理土地（海域）供应、能评、环评、安评审批和新增授信支持等业务。加强市场供需趋势研判和信息引导，防止新兴产业一哄而上、盲目投资、重复建设，形成新的产能过剩行业。

加快淘汰落后产能。严格执行环保、能耗、质量、安全、技术等法律法规和产业政策，对工艺装备落后、产品质量不合格、能耗、安全及污染物排放不达标的项目，重点跟踪加快淘汰。持续抓好重点行业违法违规行为专项整治，对不达标企业、设备和生产线限期整改，在规定期限内仍未达到要求的，依法依规强制关停。

推进产能合作共赢。科学调整产业布局，引导产业转型转产、环保搬迁和梯度转移，支持企业跨地区跨所有制兼并重组，优化技术路线和产品结构，形成分工合理、优势互补、错位发展的特色经济。支持优势产能行业走出去，开展国际产能合作。

第三节　完善去产能政策

分类处置僵尸企业。把去产能与深化国企改革、推进企业兼并重组和升级改造相结合，对现有资产资源仍有一定价值的僵尸企业，鼓励和支持优质企业实施收购重组，以产权转让、资产置换等多种方式盘活有效资产。

有效化解债权债务。依法落实企业重组所得税减免等优惠政策，研究去产能和产业升级企业停产期间城镇土地使用税政策。支持金融机构做好呆账核销和抵债资产处置，完善不良资产批量转让政策。

妥善安置企业职工。科学制定职工安置方案，明确安置途径、补偿标准、资金来源和再就业措施。充分发挥企业主体作用，采取协商薪酬、灵活工时、培训转岗等方式，稳定现有工作岗位，缓解职工分流压力。

第五章　发展新兴产业培育形成新动能

密切跟踪国际科技、产业发展趋势，加快互联网、大数据、人工智能和实体经济深度融合，推动新兴产业加速崛起、扩容倍增、重点突破，打造先进制造业集群和新兴产业发展策源地，培育形成新动能主体力量。

新一代信息技术产业。积极落实网络强国、数字中国、智慧社会等国家战略，大力发展数字经济，深入推动新一代信息技术向各行业、各领域广泛渗透应用，构建泛在互联融合智能安全的信息技术产业体系。到2022年，新一代信息技术产业增加值力争达到6500亿元，占地区生产总值的6.5%。

高端装备产业。加快推动高端装备创新发展，突破关键技术与核心部件，提升综合集成水平，创建“中国制造2025”国家级示范区，打造国内一流的制造业创新中心和高端装备制造基地。到2022年，高端装备产业增加值力争达到5300亿元，占地区生产总值的5.3%。

新能源新材料产业。突出新能源新材料基础性、先导性、战略性作用，大力发展可再生能源，推动新材料融入高端制造供应链，建设具有国内尖端水平和全球影响力的新能源、新材料研发、检验检测中心和产业发展高地。到2022年，新能源新材料产业增加值力争达到4400亿元，占地区生产总值的4.4%。

现代海洋产业。增强经略海洋意识，科学、绿色、立体开发海洋，探索人海和谐、陆海统筹、彰显特色的科学发展模式，加快建设海洋强省，打造具有国际先进水平的海洋经济改革发展示范区。到2022年，现代海洋产业增加值力争达到23000亿元，占地区生产总值的23%。

医养健康产业。深入实施"健康山东"战略，促进医疗、养老、养生、体育等多业态融合发展，打造全方位、全周期健康服务产业链，创建国家医养结合示范省。到2022年，医养健康产业增加值力争达到11500亿元，占地区生产总值的11.5%。

第六章　提升传统产业改造形成新动能

加快引用新技术新管理新模式，瞄准国际标准，推动传统产业腾笼换鸟、凤凰涅槃、浴火重生，焕发生机活力，促进全产业链整体跃升，打造世界级制造业集群，培育形成新动能基础力量。

高端化工产业。以基地化、链条化、智能化为方向，坚持创新、安全、环保、质效联动发展，加快优化产业布局和产品结构，建设高端化工产业强省。到2022年，高端化工产业增加值力争达到5100亿元，占地区生产总值的5.1%。

现代高效农业。坚持农业农村优先发展，深入推进农业供给侧结构性改革，巩固提升山东农业优势，加快构建现代农业产业体系、生产体系、经营体系，积极探索产出高效、产品安全、资源节约、环境友好的路径模式，引领全国农业农村现代化发展。到2022年，现代高效农业增加值力争达到1200亿元，占地区生产总值的1.2%。

文化创意产业。坚持社会主义先进文化前进方向，推进优秀传统文化创造性转化、创新性发展，完善文化生产经营机制，丰富新型文化业态，打造具有山东特色的现代文化产业体系，推动社会主义文化繁荣兴盛。

到2022年，文化创意产业增加值力争达到5600亿元，占地区生产总值的5.6%。

精品旅游产业。顺应大众旅游时代消费升级新趋势，扩大旅游产品供给，提升综合服务质量，推进旅游业多元化、全域化、国际化发展，打响“好客山东”品牌，打造全域旅游示范省和国际旅游度假目的地。到2022年，精品旅游产业增加值力争达到8400亿元，占地区生产总值的8.4%，入境游客数量提高到630万人次。

现代金融服务。把服务实体经济作为金融发展的出发点和落脚点，使更多金融资源高效配置到经济社会发展的重点领域和薄弱环节，全面提升服务效率和水平，构建现代化、普惠化、便利化的金融服务体系。到2022年，现代金融服务业增加值力争达到6000亿元，占地区生产总值的6%。

第七章　汇聚动能转换新动力

坚持把深化改革、推动创新、扩大开放作为新旧动能转换的根本动力，加强制度设计、系统谋划和协同推动，持续激发全社会活力和创造力，不断增强经济发展的内生动力。

改革激发动能转换。尊重市场作用和企业主体地位，以完善产权制度和要素市场化配置为重点，实现产权有效激励、要素自由流动、价格反应灵活、竞争公平有序、企业优胜劣汰。深化国企国资改革，发挥国有企业在动能转换中的引领带动作用，推进国有经济布局优化、结构调整、战略性重组，提高国有资本配置效率，培育具有全球竞争力的世界一流企业；支持民营经济发展，发挥民营经济在新旧动能转换中的重要支撑作用，全面实施市场准入负面清单制度，营造公平竞争、统一开放的市场环境；提高要素配置效率，更多依靠市场化手段促进知识、技术、信息、数据等新生产要素合理流动、有效集聚，充分发挥其放大社会生产力的乘数效应；创新投融资体制，加快建立企业投资市场主导、融资渠道丰富畅通，政府管理简明规范、职能转变务实到位，宏观调控稳健高效、法制体系保障健全的新型投融资体制。

创新引领动能转换。坚持创新是引领发展的第一动力，以创新型省份建设为统领，深入实施创新驱动发展战略，加快形成以创新为主要引领和支撑的经济体系和发展模式。提高科技创新应用能力，把握世界科技发展趋势，超前谋划布局，强化前瞻性基础研究、引领性原创研究和应用基础研究；发挥企业创新主体作用，构建以企业为主体、市场为导向、"政产学研金服用"相结合的技术创新体系，引导创新要素向企业集聚，使企业成为创新决策、研发投入、科研攻关、成果转化的主体；完善科技成果转化机制，健全技术转移体系，建设区域性、行业性技术市场，发展线上线下结合的科技成果交易，打造链接国内外技术、资本、人才等创新资源的技术创新网络；优化创新创业发展环境，加快建设山东半岛国家自主创新示范区和国家创新型城市，打造全省创新驱动发展的核心引擎；加快推进军民融合，落实军民融合深度发展国家战略，积极创建军民融合深度发展示范省。

开放助力动能转换。实施新一轮全方位、高水平对外开放，加快完善法治化、国际化、便利化的开放环境，重塑开放型经济新优势，形成全面开放新格局。深度融入"一带一路"建设。支持各市发挥特色优势，与沿线国家和地区城市，在港口建设、海洋经济、能源资源、商贸物流、金融服务、人文交流、生态环保等领域加强合作；构建开放型经济新体制，充分借鉴自由贸易试验区改革试点经验，在济南、青岛、烟台市，依托国家级新区、国家级经济技术开发区、国家级高新技术开发区、海关特殊监管区，以及济南新旧动能转换先行区，加快体制机制创新；加快转变外贸发展方式，以技术、标准、品牌、服务为核心，推动货物贸易和服务贸易协调发展，实现优质优价、优进优出。鼓励高新技术、高端装备、品牌产品出口，建设外贸转型升级示范基地、贸易平台、国际营销网络；创新区域开放合作模式。加快融入京津冀协同发展国家战略，主动承接北京非首都功能疏解及京津产业转移，积极服务雄安新区建设，支持黄河三角洲地区发展"飞地经济"。加强环渤海地区合作，密切与长三角、珠三角、东北等地区经济联系，构建地区间协作发展机制。

第八章　拓展动能转换新空间

牢固树立全省一盘棋思想，坚决避免各自为政、同质竞争和低端重复建设，因地制宜、因业布局、因时施策，系统谋划推进区域、城乡、陆海和减排节能统筹发展。

统筹区域协调发展。深入实施区域协调发展战略，增强区域发展的协同性和整体性，打造区域统筹协调、人与自然和谐发展新格局。落实主体功能区战略。发挥主体功能区作为国土空间开发保护的基础性制度作用，健全基于不同主体功能定位的配套政策体系和绩效考核评价体系，推动主体功能区战略格局在市县层面精准落地，形成各类主体功能区差异化协同发展长效机制；优化重大生产力布局，实施重点产业集聚工程，推动企业入区入园，打造若干产业功能区、产业基地和产业带；推进区域一体化发展，打破行政区划限制，提高要素资源配置效率，加快济莱一体化、济淄一体化、济泰一体化、青潍一体化、烟威一体化等区域协作发展。

统筹城乡一体发展。加快构建新型城乡关系，促进城乡在规划布局、要素配置、产业发展、公共服务、生态保护等方面相互融合，实现城乡协调发展。推进以人为核心的新型城镇化，提高山东半岛城市群开放发展和一体化发展水平，合理控制特大城市人口规模和发展边界，增强大城市辐射带动功能，积极培育新生中小城市，完善中小城市产业分工体系和公共服务体系；大力发展特色县域经济，开展新一轮县域经济提升行动，推动县域融入毗邻区域中心城市主导的产业分工体系，引导县域特色主导产业绿色化、品牌化、高端化、集群化发展，做大做强园区经济、民营经济、开放型经济；深入实施乡村振兴战略，按照产业兴旺、生态宜居、乡风文明、治理有效、生活富裕的总要求，建立城乡融合发展体制机制和政策体系，加快推进农业农村现代化。

统筹陆海联动发展。坚持陆海资源互补、陆海发展并举、陆海安全并重，综合考虑陆海承载能力，协同推进陆海开发、建设和保护，实现陆海全面协调可持续发展。创新陆海统筹管理模式。全面开展陆海产业规划衔接，繁荣发展湾区经济。以临港临海产业为重点，加快沿海地区产业结构升级步伐；加强岸线资源保护利用，强化河湖海域空间生态管控，保护自然岸线，推进人工岸线生态化。

统筹减排节能绿色发展。牢固树立和践行绿水青山就是金山银山的理念，加快生态文明体制改革，深入开展环境保护和生态修复，促进人与自然和谐共生。加强减排降耗治污，严守环境质量底线，构建政府为主导、企业为主体、社会组织和公众共同参与的环境治理体系；发展低碳生态经济。加快建立绿色生产和消费的政策导向，鼓励发展循环经济，推进生产工艺绿色化升级和产业园区循环化改造；强化生态制度建设，严守生态保护红线，提升生态系统质量和稳定性。设立国有自然资源资产管理和自然生态监管机构，完善生态环境管理制度。建立市场化、多元化生态补偿机制，开展流域生态保护补偿试点。

第九章　夯实动能转换新支撑

适应新时代新趋势新要求，全面提升政府服务效能，深入实施人才优先发展战略，超前布局重大基础设施建设，为新旧动能加快转换提供坚实保障。

第一节　建设一流服务政府

持续深化放管服改革，建设包容创新、审慎监管、运行高效、法治规范的服务型政府，构建亲清的新型政商关系，营造宽松便捷的市场准入环境、公平有序的市场竞争环境、安全放心的市场消费环境，推进治理体系和治理能力现代化。

加大简政放权力度。统筹考虑各类机构设置，科学配置党政部门及内设机构权责，推进大部门制改革。开展新兴经济领域管理权责重心下移试点，将部分有利于促进动能转换的省级行政权力事项依法下放或委托设区市实施。加大商事制度改革力度，在试点基础上全面推开“证照分离”改革，实施“多证合一”，推进企业登记全程电子化和电子营业执照。提高精准放权、协同放权水平，保障地方和基层对下放事项接得住、接得好。深化科技、教育、医疗、文化等事业单位改革，完善政府购买服务机制和法人治理结构，创建全国事业单位人事制度改革试验区。

加强事中事后监管。适应新技术、新产业、新业态、新模式发展需求，降低准入门槛，创新监管模式，完善快速服务响应机制，建立支持新兴市场主体创新创业、发展壮大的生态体系。明确监管内容、创新监管方式、建立统一高效的数据采集、监测、分析和预防体系。加强社会信用体系建设，把查询使用信用记录嵌入行政管理和公共服务各领域、各环节，完善跨地区、跨部门、跨领域的守信联合激励和失信联合惩戒机制。深入实施“双随机、一公开”监管。

改进优化政务服务。规范行政程序、行为、时限和自主裁量权，提高政务公开水平，增强政府公信力和执行力，营造稳定、公平、透明、可预期的营商环境。推广“互联网+政务服务”，实现“一窗受理”、“一网办理”、联审联办、全链条办理。推进信息共享和数据开放。建成全省统一的“12345”政务服务热线。提高中介服务标准，清理和规范政务服务涉及的各类认证、评估、检测等中介服务项目。

健全法治保障体系。全面清理制约新产业、新业态、新模式发展的法规规章和规范性文件，加快出台公共数据和电子政务、社会信用、科技成果转化、知识产权保护、能源节约、现代服务业等领域的法规规章。定期对市场准入负面清单事项进行合法性审查，加快法规制度适应性修订。加强新设行政许可审查论证，开展重大决策合法性审查和规范性文件备案审查。建设行政处罚、行政强制权力网络运行系统，实现省市县互联互通。

完善市场竞争和消费环境。坚持权利平等、机会平等、规则平等，加快健全市场监管机制，着力打破地区分割、行业垄断和市场壁垒，严厉打击虚假宣传、制假售假等不正当竞争行为，确保各类市场主体依法平等使用生产要素、公平参与市场竞争、同等受到法律保护。坚持源头治理、依法治理、创新治理、综合治理，加强食品、药品、农产品等重要产品监督管理，健全产品质量追溯体系，整体提升消费者维权能力，持续激发市场活力和消费潜力。

第二节　建设一流人才队伍

牢固树立人才第一资源理念，实行更加积极开放有效的人才政策，推动人才结构战略性调整，打造人力资源强省，实现数量型人口红利向质量型人才红利转变。

完善人才培养机制。积极推进世界一流大学和一流学科建设，争取国家支持建设中国康复大学、中国能源大学，加快齐鲁工业大学、齐鲁医科大学①建设。实施新工科优先发展计划，增设面向新经济、新产业的学科专业，建设新型高端智库，造就一大批战略科技人才、科技领军人才、青年科技人才和高水平创新团队。鼓励本科高校、职业院校（含技工院校）和培训机构开展技术技能培训、创业创新培训，建设职业教育创新发展试验区，筹建山东创业大学。传承弘扬劳模精神、工匠精神，打造知识型、技能型、创新型劳动者大军。大力倡导企业家精神，依法保护企业家的创新收益和财产权，培养造就具有战略思维、国际视野和勇于创新的企业家和经营管理人才队伍。

创新人才引进模式。建立符合国际规则和惯例的引才机制和服务模式，研究制定加快推进人才国际化的意见。加大柔性引才力度，支持外籍高层次人才和急需紧缺人才来鲁工作、创新创业，提供高效便捷的人才签证、工作许可审批服务。支持国内外高校、科研机构在山东设立新型研发机构和中试基地，打造一批省博士后创新实践基地、专家服务基地和留学人员创业园，引进培育“两院”院士及“千人计划”“万人计划”“泰山学者”“泰山产业领军人才”等高层次人才。推进落实离岸创新人才使用办法，加强与科研院所、高等院校和企业的对外交流合作，设立海外研发机构。发展专业性、行业性人才市场，放宽人力资源服务业准入限制。完善社会保险关系转移接续办法，畅通人才在机关、事业单位、企业、社会组织之间的流动渠道。

强化人才激励政策。构建各类人才脱颖而出、梯队发展、自由流动的制度环境。对高端紧缺人才，实施科技成果转让、科研成果奖励政策，在

① 今山东第一医科大学。

部分新兴经济领域探索实施特殊管理股权制度。完善科技人才创新荣誉制度，建设一批“科技领军人才创新工作室”，设立“首席中青年科学家”岗位。落实高校和科研院所自主权，改革高校绩效工资审批管理制度。完善财政性科研项目和资金管理制度，加大对实施法人治理结构科研院所的创新支持力度。

第三节　建设一流基础设施

坚持基础性、先导性、战略性方向，提高智能化、网络化、现代化水平，加快建设技术先进、功能完善、便捷高效、安全坚固的综合基础设施支撑体系。

交通基础设施。积极融入国家综合交通网，畅通省内外运输网络，打造交通强国战略山东示范区。铁路，加快鲁南高铁、济莱临高铁建设，打造“三环四横六纵”的快速铁路网络，建设大莱龙扩能改造、聊泰、淄东等铁路项目，完善“四纵四横”货运铁路网；公路，实施济青、京沪（山东段）、沈海（山东段）等大运量路段改扩建工程，推进普通国省道低标准路段改造，按照一条综合运输通道至少配置一条免费快速干线公路的原则，开展全省干线快速路网工程规划建设，大力推进“四好农村路”建设；轨道交通，推进济南、青岛地铁和轻轨建设，规划建设淄博、烟台、潍坊、济宁、临沂、威海等市轨道交通。机场。加强民用运输机场和通用机场建设，完善机场布局，提高机场资源配置效率，构建现代民用航空体系；港口，以资本为纽带、以市场为导向，整合港口资源，带动航运协同合作及一体化运营，打造现代化港口群。

能源基础设施。实施能源保障、能源网络和能源优化工程，构建清洁低碳、安全高效、供应优化的现代能源体系。能源保障，坚持内压外拓，在做好煤炭去产能的基础上，有序推进鲁西煤炭基地保护性开发；能源储输网络，统筹省外能源引进和省内产需衔接，构筑煤炭主要运输网络。对接西气东输、中俄东线等国家骨干输气工程，加强国家原油战略储备基地建设；能源优化，严格实行能耗强度和总量“双控”制度，努力压减省内煤炭消费总量，逐步降低煤炭消费比重。

水利基础设施。突出水资源的刚性约束，以节水、供水重大工程建设为重点，构筑水安全保障体系。论证规划峡山水利胶东调水水源等工程，建设一批河道拦蓄工程和抗旱应急水源工程。实施金堤河等河道重点河段治理，推进病险水库水闸除险加固，疏浚治理河湖水系，加强沿海7市海堤工程建设，推进黄河口治理，实施地下水超采区综合治理工程。加强大中型灌区续建配套节水改造，加快小型农田水利项目县建设。

信息基础设施。构建完善高速、移动、安全、泛在的新一代信息基础设施，统筹规划政务数据资源和社会数据资源，完善基础信息资源和重要领域信息资源建设，形成万物互联、人机交互、天地一体的网络空间。

第十章　构筑动能转换政策体系

以综合试验区建设为重要契机，加大改革创新力度，进一步完善政策体系，集中释放财税、金融、土地等制度红利，为动能转换提供良好的政策环境。

第一节　健全财税政策

遵循财税改革方向，强化税收引导、财政激励功能，支持企业加快技术创新和转型升级。

完善税收激励机制。按照国家部署，选择部分战略性新兴产业和新旧动能转换重点行业（项目）先行先试临时性的期末留抵退税政策。结合国家服务贸易创新发展试点，研究探索服务贸易发展的税收政策安排。建立健全“飞地”项目增值税、企业所得税分享制度，引导生产力跨区域布局。落实高新技术企业所得税优惠、研发费用加计扣除等激励企业创新的普惠性政策。科技型中小企业实际发生的职工教育经费支出不超过工资薪金总额8%的部分准予税前扣除。科技人员转让科技发明、专利技术等，在计算个人所得税时不能准确计算财产原值的，由税务机关依法核定财产原值。高新技术企业转化科技成果给予个人的股权奖励，可在5年内分期缴纳，符合条件的也可选择递延缴纳个人所得税。

加大财政奖励扶持。完善省对市县主体税收增长激励政策，实施重点区域财政收入质量改善提升工程，今后三年对税收比重提高幅度超过全省平均水平且财政收入逐年增长的市,按其上缴省级税收增量部分的一定比例给予奖励。经国家认定的高新技术企业的增值税(地方部分)、企业所得税(地方部分)两税增收上交省当年增量部分,省政府按一定比例返还奖励。争取国家支持探索发展项目收益与融资自求平衡的地方政府专项债券。在地方政府债务风险可控的前提下,积极争取中央适度核增地方政府债券额度。完善财政、金融、保险等支持首台(套)重大技术装备、首版次软件研发和首批次新材料研发、检测评定、示范应用体系和政策,落实国家关于促进创新产品研发应用的政府采购政策。设立新旧动能转换基金,加大对重点产业、关键领域支持和引导力度。

第二节　创新金融政策

创新企业融资方式和金融服务模式,引导金融资源配置向经济社会发展重点和薄弱领域倾斜,推动金融服务普惠化、绿色化发展。

增强创新创业金融支持。发挥政府股权投资引导基金的引导作用,健全从实验研究、中试到生产全过程的科技创新融资模式。发展各类风险投资,完善退出机制,在股权质押、产权流转、风险防控等方面先行先试。整合省内各类股权投资基金,建立与国家新兴产业创投引导基金、科技成果转化基金等的合作机制,促进省内创新型小微企业加速发展。建立以互联网为基础,集中统一的不动产权益抵质押登记平台。推动发展小微金融,鼓励银行机构设立小微企业专营机构和专业支行,支持小微企业到区域股权交易市场挂牌,改善对初始创业者的金融服务。在确保依法依规、风险可控的前提下,积极运用互联网、物联网、人工智能、大数据、区块链等现代金融科技手段,努力提高金融服务效率和水平。充分利用山东省企业融资服务网络系统实时、直达的优势,加大对全省新旧动能转换重大工程推介力度,实现“线上推介”与“线下对接”有机结合。支持中小微企业发行企业债、公司债等债券融资工具,提高直接融资比重。

推动绿色金融加快发展。支持银行设立绿色金融事业部或特色分支机构,鼓励符合条件的金融机构探索开展绿色债券、绿色基金和绿色信贷资产证券化等新型金融业务。将企业环境信息纳入信用信息基础数据库,为金融机构贷款和投资决策提供依据。鼓励在人民银行备案的第三方评级机构,开发针对环境友好型企业的专属信用评级产品,并将评级结果在金融机构中推广应用。发挥能源环境等交易市场平台作用,发展排污权、用能权、水权等环境类交易以及相关融资工具。通过专业化担保和增信机制,对在环境信用评价中达到良好和诚信等级的非“两高一剩”工业企业,逐步引导扩大排污权抵质押贷款投放。探索建立环境污染强制责任保险制度。

第三节　完善土地政策

坚持长远结合、生态优先、集约利用的原则,精准实施支持动能转换的土地政策,加强土地资源使用保障,提高国土资源利用效率。

盘活存量建设用地。鼓励有条件的城市开展工矿废弃地复垦和再利用。对城区老工业区综合改造项目,利用原有工业用地发展符合规划的服务业,涉及原划拨或原工业出让土地使用权转让或改变用途,符合协议出让条件的可以采取协议出让方式办理用地手续。支持在工业园区内探索进行工业地产试点,在不改变功能和土地用途的前提下,允许对标准厂房、国有建设用地使用权分割转让。符合规划的相关产业可以混合用地,允许同一地块或同一建筑兼容多种功能。支持国有划拨土地上已经登记的存量房地产依法转让。鼓励存量建设用地使用权人按照城乡规划确定的建设用地条件自行开发或联合开发。除规划为商业、商品住宅等经营性用地外,土地现状用途与城乡规划不一致的,经市县政府批准,可以采取协议方式按规划用途办理出让手续;原土地出让合同约定或者划拨决定书规定的改变用途予以回收的土地,经市县政府批准,可以由土地使用权人按照规划实施开发。

保障新增土地供给。对综合试验区在年度建设用地指标、农用地转用、城乡建设用地增减挂钩指标安排上给予倾斜。对新旧动能转换重大项目实行用地计划单列,允许耕地占补平衡指标在省内调剂使用。营利性教育科研、医疗卫生、社会福利、文化体育及城市基础设施等社会事业项目用地,符合协议出让条件的可以采取协议方式出让,出让底价按照拟出让地块所在区域同类用地基准地价的70%确定。依法委托济南、青岛、烟台市人民政府行使部分市(县、区)的农用地转用和土地征收审批权。对济南新旧动能转换先行区在用地指标等方面予以支持，按照“封闭运行、风险可控”原则先行先试相关政策。综合试验区内地方政府可以根据本地实际，研究出台推进低效用地再开发、支持新兴产业发展和新动能培育的用地保障政策。

第十一章　以工程的办法推进动能转换

加强统筹协调，强化责任担当，创新工作机制，明确新旧动能转换重大工程时间表、路线图、责任状，确保规划实施有抓手、有载体、有成效，顺利实现各项目标任务。

第一节　强化组织领导

加强党的领导。深入贯彻落实党的十九大精神，增强政治意识、大局意识、核心意识、看齐意识，坚决维护党中央权威和集中统一领导，自觉在思想上政治上行动上同以习近平同志为核心的党中央保持高度一致。完善党委研究经济社会发展战略、制定重大政策、推进任务落实的工作机制，确保党始终总揽全局、协调各方。充分发挥基层党组织和党员在实施新旧动能转换重大工程中的战斗堡垒作用和先锋模范作用。发挥统一战线作用，广泛调动各类社会主体积极性、主动性、创造性。

健全推进机制。省新旧动能转换重大工程战略规划领导小组调整为省新旧动能转换重大工程建设领导小组，统筹推进全省新旧动能转换重大工程建设。各市、各部门建立相应的工作机制，为新旧动能转换提供组织保障。依据综合试验区建设总体方案和实施规划，各市要编制本区域新旧动能转换规划，有关部门要编制十强产业动能转换专项规划，加紧制定推进方案落实和规划实施的政策措施。

第二节　强化项目推进

科学策划论证项目。按照全省新旧动能转换目标方向和重点任务，结合重大生产力布局，建立全省“四新”“四化”重大项目库，谋划一批带动作用大、技术含量高、市场效益好的重大项目。注重发挥市县、部门、科研院所、企业、专家、人才、第三方机构作用，完善项目筛选论证程序。建立重大项目动态调整机制，实施项目退出和增补制度，对于新提出的重大项目，经认真组织论证后，符合要求的及时纳入项目库管理。

完善项目管理服务。加大前期工作支持力度，由同级财政保障新旧动能转换重大项目研究论证所需经费。对重大项目建立绿色通道，实行首问负责制，全程跟踪服务、上门服务，帮助完善前期手续，协助解决困难问题，进一步提高服务效能。强化重大项目信息采集、数据分析、进展监控、结果评价机制，实现对入库项目管理、推进、监管、服务的全过程覆盖，保障重大项目顺利实施。

加大项目招商力度。面向行业龙头、产业高端、企业总部、科研机构，实施招大引强，加大引资引智引技力度。鼓励各地市、省直各部门建立"内外资联动"招商机制和"一把手"走访责任制，开展"千企招商大走访"。定期在欧美、日韩、香港、京沪等地，组织重大项目招商活动。招商专项经费分配向专业化定向招商团队倾斜。对重点产业引进世界500强、央企和行业领军企业，省财政将根据新上项目的科技含量、附加值、带动能力和税收贡献等给予奖补。

第三节　强化监督考核

加强考核奖惩。把加快新旧动能转换重大工程推进工作纳入各市经济社会发展综合考核和党政领导干部实绩考核，考核结果作为各级领导干部选拔任用、考核监督的重要依据。各部门综合运用考核结果，制定针对性奖惩措施，对重大项目库中项目推进力度大、成效突出的市县政府，在中央和省预算内投资项目安排、专项奖补资金支持、土地指标调整等方面，给予政策倾斜，对工作不力、进度缓慢的要予以通报、约谈或问责。

加强监测评估。适应推进新旧动能转换工作需要，健全新旧动能转换统计指标体系，为规划实施和政策制定提供基础和支撑。开展对规划指标、政策措施和重大项目实施情况的跟踪监测，进行年度总结评估，强化动态管理，确保规划实施效果。

参考文献

一、图书

R.M.索罗.经济增长论文集[M].平新乔，译.北京：北京经济学院出版社，1989.

陈海波，刘洁.资源环境双重约束下我国经济发展方式转变的实证研究[M].镇江：江苏大学出版社，2016.

党兴华.产业经济学[M].西安：陕西人民出版社，1994.

郭熙保.发展经济学经典论著选[M].北京：中国经济出版社，1998.

简新华.中国经济结构调整和发展方式转变[M].济南：山东人民出版社，2009.

金碚.供给侧结构性改革论纲[M].广州：广东经济出版社，2016.

李群.经济发展方式转变成效的评价及其实证分析[M].北京：中国社会科学出版社，2014.

李悦.产业经济学[M].北京：中国人民大学出版社，2004.

刘吉发.产业政策学[M].北京：经济管理出版社，2004.

马春文，张东辉.发展经济学[M].北京：高等教育出版社，2010.

马克思.资本论(第2卷)[M].北京：人民出版社，2004.

马克思恩格斯选集(第1卷)[M].北京：人民出版社，2012.

迈克尔·波特.国家竞争优势[M].李明轩，译.北京：华夏出版社，2002.

蒲晓晔.中国经济发展方式转变中的动力结构优化研究[M].北京:经济科学出版社,2015.

綦勇.东北地区推进新旧动能转换机制与重点产业选择研究[M].沈阳:东北大学出版社,2018.

任东来.当代美国——一个超级大国的成长[M].贵阳:贵州人民出版社,2000.

沈坤荣.经济发展方式转变的机理与路径[M].北京:人民出版社,2011.

史进川.经济结构调整与经济发展方式转变[M].北京:经济科学出版社,2012.

吴敬琏等.供给侧改革——经济转型重塑中国布局[M].北京:中国文史出版社,2016.

肖文,潘家栋,陈昊.新常态下中国经济发展动力转换研究[M].北京:人民出版社,2020.

熊彼特.经济发展理论[M].北京:商务印书馆,1990.

徐宪平,杜平,张新红.驱散经济增长的迷雾——新常态下的新动能[M].北京:中国财富出版社,2017.

亚当·斯密.国民财富的性质和原因的研究(上卷)[M].郭大力,王亚楠,译.北京:商务印书馆,1972.

二、期刊、学位论文

安同信,范跃进,张环.山东省制造业转型升级的路径研究[J].东岳论丛,2012(6):122-123.

保永文.中国制造业技术创新与产业国际竞争力[J].云南财经大学学报,2018(8):14-28.

柴士改,李金昌.中国经济发展新旧动能转换的监测研究[J].财经论丛,2020(12):13-22.

钞小静.试析经济发展方式转变的创新驱动机制[J].黑龙江社会科学,2013(4):55-59.

车松虎.长春市产业布局演变研究[D].吉林大学,2010.

陈国伟.非独立经济体现代产业体系的基本框架——兼论山西现代产业体系的构建[J].经济问题,2020(7):116-122.

陈明明,张文铖.数字经济对经济增长的作用机制研究[J].社会科学,2021(1):44-53.

陈勇.新时代绿色发展理念的伦理价值及其实现路径[J].伦理学研究,2019(5):20-26.

戴先杰.江苏省区域生产力布局模式研究[J].现代经济探讨,2000(10):54-56.

戴永娟.经济增长新动能的动力机制及其消费溢出效应研究[J].商业经济研究,2021(1):189-192.

单豪杰,师博.中国工业部门的资本回报率:1978-2006[J].产业经济研究,2008(6):1-9.

邓丽姝.夯实北京数字经济新动能的战略思考[J].商业经济研究,2021(12):150-154.

刁向明.吉林省产业空间布局的形成机制与调控策略研究[D].东北师范大学,2006.

丁守海,徐政.新格局下数字经济促进产业结构升级:机理、堵点与路径[J].理论学刊,2021(3):68-76.

董新兴,李德荃,吕寒冰.新旧动能转换绩效考核评价指标体系优化研究[J].山东社会科学,2020(5):136-141.

杜传忠,郭美晨.第四次工业革命与要素生产率提升[J].广东社会科学,2017(5):5-13+254.

杜人淮.中国经济低碳转型面临的困境及应对举措[J].现代经济探讨,2010(7):5-9.

杜雪锋.数字经济发展的国际比较及借鉴[J].经济体制改革,2020(5):164-170.

杜宇玮.高质量发展视域下的产业体系重构:一个逻辑框架[J].现代经济探讨,2019(12):76-84.

范合君,何思锦.现代产业体系的评价体系构建及其测度[J].改革,2021(8):90-102.

冯金.西安(咸阳)国际化大都市建设背景下咸阳市产业布局研究[D].西北大学,2011.

付保宗,盛朝迅,徐建伟,周劲,任继球.加快建设实体经济、科技创新、现代金融、人力资源协同发展的产业体系研究[J].宏观经济研究,2019(4):41-52+97.

傅勇,白龙.中国改革开放以来的全要素生产率变动及其分解——基于Malmquist生产力指数的实证分析[J].金融研究,2009(7):38-51.

高睿璇,刘刚,毛美玲.高质量发展背景下山东省全要素生产率的研究——理论机理和实证检验[J].华东经济管理,2019,33(5):20-25.

龚常,颜建军.基于经济发展方式转变的生态创新动力机制研究[J].世界科技研究与发展,2014,36(6):692-697.

龚雪.基于DEA-Malmquist模型的中国省域物流效率研究——来自省际面板数据的实证分析[J].河北经贸大学学报,2019(5):64-65.

郭春娜,陈春春,彭旭辉.中国制造业劳动生产率再测算——基于资本深化和全要素生产率贡献率的考量[J].价格理论与实践,2018(7):151-154.

郭春娜.制造业全要素生产率测算及影响因素研究[J].重庆大学学报(社会科学版),2019,25(2):49-58.

郭晗,廉玉妍.数字经济与中国未来经济新动能培育[J].西北大学学报(哲学社会科学版),2020,50(1):65-72.

郭庆旺,贾俊雪.中国全要素生产率的估算:1979-2004[J].经济研究,2005(6):51-60.

郝全洪,郭凯敏.协同发展现代产业体系建设中的系统科学思维[J].新视野,2021(3):31-37.

郝全洪.推进协同发展的现代产业体系建设的思考与建议——基于管理动力系统理论的视角[J].学术研究,2021(1):97-103.

郝颖,辛清泉,刘星.地区差异、企业投资与经济增长质量[J].经济研究,2014,49(3):101-114+189.

胡西娟,师博,杨建飞.数字经济优化现代产业体系的机理研究[J].贵州社会科学,2020(11):141-147.

黄汉权.推进产业新旧动能转换的成效、问题与对策[J].经济纵横，2018(8)：32-40＋2.

黄群慧.我国发展新经济的政策着力点[J].行政管理改革，2016(9)：41-45.

黄少安.新旧动能转换与山东经济发展[J].山东社会科学，2017(9)：101-108.

霍强，韩博.区域经济发展的动力机制、模式识别及演化规律——基于西部大开发以来12个西部省份数据的分析[J].云南社会科学，2019(1)：102-106.

贾康.经济发展动力体系认知与财政支持新动能的思路和要领[J].地方财政研究，2019(9)：4-12＋27.

江飞涛.中国工业经济增长动力机制转换[J].中国工业经济，2014(5)：5-17.

姜延博.论习近平绿色发展理念的哲学基础[J].湖南社会科学，2020(3)：6-12.

姜长云，张于喆，洪群联，等.产业形势和培育产业发展新动能研究——对浙江省宁波市的调研与思考[J].社会科学战线，2017(2)：41-47.

揭筱纹，罗莹.推动我国制造业“新型化”的新动能运行机制分析[J].广西财经学院学报，2017，30(4)：44-49.

金德环，赵海蕾.从人口红利到制度红利：中国经济持续增长的动力转换[J].河南社会科学，2018，26(4)：99-104.

孔令池.新时代中国经济增长动力机制转换与发展战略[J].首都经济贸易大学学报，2018，20(2)：3-12.

孔群喜，王紫绮.对外直接投资如何影响中国经济增长质量：事实与机制[J].北京工商大学学报(社会科学版)，2019，34(1)：112-126.

邝劲松，彭文斌.数字经济驱动经济高质量发展的逻辑阐释与实践进路[J].探索与争鸣，2020(12)：132-136＋200.

来佳飞.浙江经济增长动力结构和机制转换研究[J].浙江社会科学，2016(4)：144-147.

兰海，吴悦，王丹.基于DEA和Malmquist指数的青海省科技创新效率研究[J].科技管理研究,2021,41(17):40-46.

蓝庆新.数字经济是推动世界经济发展的重要动力[J].人民论坛·学术前沿,2020(8):80-85.

黎智洪.我国产业发展“三大变革”的理论逻辑与方法论[J].改革,2018(9):91-101.

李成.广东培育新产业、新动能发展的路径研究——从财政支持的角度[J].新经济,2016(26):25.

李含琳.论新动能的四个层次及其实践对策[J].生产力研究,2018(2):1-4.

李士梅.中国装备制造业全要素生产率测算及提升路径[J].哈尔滨商业大学学报,2019(2):55-56.

李文军.论建设现代化经济体系的核心任务与根本保障[J].经济纵横,2018(6):71-80+2.

李晓华.“十四五”时期数字经济发展趋势、问题与政策建议[J].人民论坛,2021(1):12-15.

李晓华.低碳经济转型取向及中国产业的国际竞争力[J].改革,2013(7):43-50.

李新安.面向高质量发展的区域创新能力评价与提升路径研究——以河南省为例[J].河南科技学院学报,2020,40(3):14-22.

李永东.现代产业体系的风险及其防控[J].甘肃社会科学,2020(6):197-203.

李永明,张明.碳达峰、碳中和背景下江苏工业面临的挑战、机遇及对策研究[J].现代管理科学,2021(5):20-29.

李增刚.新旧动能转换中的政府作用和财政支持[J].经济研究参考,2017(66):18-20.

李展.中国劳动生产率增长的动力和行业来源分析:1978-2018年[J].当代经济科学,2022,44(3):1-12.

李佐军.培育经济增长新动能从何处入手[J].经济研究参考,2017(4):11.

廖先玲,姜秀娟,赵峰,何静.基于“索洛余值”改进模型的山东省技术进步贡献率测算研究[J].科技进步与对策,2010,27(11):69-71.

林晓丹.黑龙江省人口变动趋势对经济社会影响及对策研究[J].北方经济,2022(3):59-62.

刘德海.绿色发展理念的科学内涵与价值取向[J].江苏社会科学,2017(3):1-7.

刘凤良.中国经济增长进程中的动能切换与结构转型[J].中国人民大学学报,2016(5):2-11.

刘尚希.供给侧结构性改革、新动能与供求新平衡[J].中共中央学校学报,2018(2):28.

刘涛.基于主成份分析的山东省产业结构变动影响因素研究[J].山东大学学报(哲学社会科学版),2011(3):107-112.

刘卫东,刘红光,唐志鹏,王亮.出口对中国区域经济增长和产业结构转型的影响分析[J].地理学报,2010,65(4):407-415.

刘萧.京津冀和长三角地区制造业生产效率的比较研究[J].统计与信息论坛,2019(7):85-86.

刘雅君.供给侧结构性改革视角下东北经济振兴动力机制优化——基于制造业的实证分析[J].社会科学研究,2016(11):25.

刘志彪.建设现代化经济体系:新时代经济建设的总纲领[J].山东大学学报(哲学社会科学版),2018(1):1-6.

卢名辉.改革开放以来江苏经济增长的动力演化[J].统计与决策,2009(18):116-119.

陆红娟,何程,黄倧睿.基于三阶段DEA的省域创新型产业集群效率测度[J].科技与经济,2021,34(5):21-25.

罗胤晨,李颖丽,文传浩.构建现代生态产业体系:内涵厘定、逻辑框架与推进理路[J].南通大学学报(社会科学版),2021,37(3):130-140.

马骏,蒋晓花,陈盼.产业结构转换与经济发展新动力关系的实证分析[J].工业技术经济,2018,37(5):11-18.

马秀贞.把握经济增长新旧动能转换的三个视角[J].中国党政干部论坛,2019(11):71-73.

聂弯.资源环境约束下培育绿色发展新动能战略研究——以大庆市

为例[J].生态经济,2018(5):18.

宁朝山.工业革命演进与新旧动能转换——基于历史与逻辑视角的分析[J].宏观经济管理,2019(11):18-27.

庞如超,韩钰,赵金发.中国地区数字经济发展质量评价研究[J].浙江档案,2021(1):41-43.

乔宝华,秦海林.我国工业新旧动能转换研究[J].工业经济论坛,2018,5(1):27-35.

秦昌才.新旧动能转换中金融体系支撑的内涵及其作用[J].甘肃社会科学,2019(1):159-165.

芮明杰.构建现代产业体系的战略思路、目标与路径[J].中国工业经济,2018(9):24-40.

盛朝迅."十四五"时期推进新旧动能转换的思路与策略[J].改革,2020(2):5-19.

盛朝迅.制约现代产业体系构建的五大瓶颈与应对之策[J].宏观经济管理,2019(6):12-17.

盛磊.数字经济引领产业高质量发展:动力机制、内在逻辑与实施路径[J].价格理论与实践,2020(2):13-17+34.

苏红健.中国地区制造业竞争力评价研究[J].中国科技论坛,2017(9):114-122.

孙国茂,孙同岩.经济增长中的全要素生产率研究——以山东省经验数据为例[J].东岳论丛,2017,38(11):137-143.

汤吉军、陈俊龙.经济发展方式转变障碍与制度创新[J].学海,2011(3):97-101.

唐未兵,傅元海.科技投资、技术引进对经济增长集约化的动态效应——基于状态空间模型的变参数估计[J].中国软科学,2014(9):172-181.

陶志梅.基于主成分分析和DEA方法的企业孵化器可持续发展能力评价研究[J].科技管理研究,2016,36(2):88-94.

田丽.各国数字经济概念比较研究[J].经济研究参考,2017(40):101-106+112.

王昌森，董文静，于会娟.新旧动能转换背景下区域创新驱动能力研究——以山东省为例[J].山东工商学院学报，2018，32(5)：1-8.

王金营，李竞博.人口与经济增长关系的再检验——基于人口活跃度-经济模型的分析[J].中国人口科学，2016(3)：12-22+126.

王俊豪，周晟佳.中国数字产业发展的现状、特征及其溢出效应[J].数量经济技术经济研究，2021，38(3)：103-119.

王力年.区域经济系统协同发展理论研究[D].东北师范大学，2012.

王小洁，刘鹏程，许清清.构建创新生态系统推进新旧动能转换：动力机制与实现路径[J].经济体制改革，2019(6)：12-18.

魏庆文，杨蕙馨，王军.创新驱动对现代产业发展新体系演进的作用机理——基于生产函数的视角[J].现代财经(天津财经大学学报)，2018，38(7)：103-113.

温军，邓沛东，张倩肖.数字经济创新如何重塑高质量发展路径[J].人文杂志，2020(11)：93-103.

邬德林，张平，孙伟仁.黑龙江省碳排放现状与产业结构低碳转型策略[J].科技进步与对策，2013，30(24)：55-58.

吴国培，王伟斌.我国全要素生产率对经济增长贡献的分析研究[J].统计研究，2014，31(12)：103-104.

吴净.新时代经济发展新旧动能转换评价——以青岛市为例[J].地域研究与开发，2019，38(5)：41-44+62.

吴雷，曾卫明.基于索洛余值法的装备制造业原始创新能力对经济增长的贡献率测度[J].科技进步与对策，2012，29(3)：70-73.

伍茜溪.供给侧视角下经济发展新动能培育探析[J].云南财经大学学报，2018(4)：11-19.

谢琦.供给结构优化促进经济增长模式转型的意义[J].商场现代化，2008(25)：298-299.

谢锐，赵果梅.出口贸易对中印经济增长的影响效应研究[J].国际经贸探索，2014，30(8)：52-63.

徐建伟，杨光.我国产业体系的阶段变化与演变趋势[J].宏观经济管理，2019(1)：44-49.

许梦博.充分发挥数字经济助推经济增长的重要作用[J].人民论坛·学术前沿,2021(6):66-71+103.

杨春,佟金萍,马剑锋.经济增长的动力分析——以常州为例[J].经济问题,2009(11):126-128.

杨蕙馨,焦勇.新旧动能转换的理论探索与实践研判[J].经济与管理研究,2018(7):12-13.

杨铭慧,谢煜.基于超效率 DEA-Malmquist 的林业投入产出效率测度研究[J].中国林业经济,2021(6):7-10.

杨玉桢,王锐,郭金龙.中国省域科技创新发展效率分析——基于 SBM-DEA 四阶段模型[J].科技和产业,2021,21(11):10-15.

殷秀清.山东省制造业素质提升效率及政策延伸思考[J].经济问题探索,2019(1):55-56.

余东华.以“创”促“转”:新常态下如何推动新旧动能转换[J].天津社会科学,2018(1):105-111.

张超,吴群.地区经济增长动力分析及中长期发展建议[J].学海,2007(3):173-177.

张红霞,葛倩倩,卢超.自由贸易试验区、制度创新与地区经济高质量增长[J].统计与决策,2022,38(1):90-94.

张建军,李琳.区域网络开发模式的理论研究与实践探索[J].西安文理学院学报(社会科学版),2006(2):50-54.

张杰.当前培育经济增长新动能的认识误区[J].领导科学,2017(13):23-26.

张杰.中国经济新旧动能转换中的新问题和新对策[J].河北学刊,2019,39(5):159-169.

张金伟,吴琼.绿色发展理念的哲学基础、实现路径及重大意义[J].生态经济,2017,33(2):172-175.

张立元.中国经济全要素生产率:基于真实经济的分析[J].宁夏社会科学,2018(5):96-106.

张路娜,胡贝贝,王胜光.数字经济演进机理及特征研究[J].科学学研究,2021,39(3):406-414.

张文,张念明.供给侧结构性改革导向下我国新旧动能转换的路径选择[J].东岳论丛,2017,38(12):93-101.

张永恒,郝寿义.高质量发展阶段新旧动力转换的产业优化升级路径[J].改革,2018(11):30-39.

张永军.大力培育新产业、新动能、新增长极　推动内蒙古经济高质量发展[J].理论研究,2018(2):33.

张于喆.数字经济驱动产业结构向中高端迈进的发展思路与主要任务[J].经济纵横,2018(9):85-91.

张志元,李维邦.金融供给侧改革培育经济新动能:山东的实践与探索[J].山东财经大学学报,2018(1):10-16.

赵炳新.关于新动能的内涵及其启示[J].经济研究参考,2018(2):72-76.

赵炳新.区域间总产出波动互相影响的网络模型[J].系统工程理论与实践,2017(10):10-15.

赵海月.非物质劳动与非物质化经济:产业结构转型升级的新动能[J].贵州社会科学,2016,(9):35.

赵丽娜.产业转型升级与新旧动能有序转换研究——以山东省为例[J].理论学刊,2017(2):68-74.

赵儒煜,肖茜文.东北地区现代产业体系建设与全面振兴[J].经济纵横,2019(9):29-45+2.

赵霄伟,杨白冰.顶级"全球城市"构建现代产业体系的国际经验及启示[J].经济学家,2021(2):120-128.

郑江淮,宋建,张玉昌,郑玉,姜青克.中国经济增长新旧动能转换的进展评估[J].中国工业经济,2018(6):24-42.

郑荣翠.港口城市现代产业体系构建对策研究[J].商业经济研究,2015(14):132-133.

郑学党.中国制造业价值竞争力评价及空间差异研究[J].经济经纬,2017(5):81-86.

仲云云.中国制造业产能过剩影响因素的实证分析[J].现代经济探讨,2018(12):70-71.

周荣荣,李佳.全要素生产率提升与中国经济增长新动能成长[J].现代经济探讨,2019(9):17-24.

周蓉蓉.我国数字经济发展战略与路径研究——基于国际经验的考察[J].西南金融,2020(4):90-96.

周媛也,周德,李湘黔.军民一体化现代产业体系内在机理与基本路径研究[J].科技进步与对策,2021,38(16):117-124.

朱孟晓,杨蕙馨.构建现代产业发展新体系的内涵与实现[J].东岳论丛,2016,37(9):166-171.

朱敏.壮大发展新动能需完善相关配套政策[J].中国发展观察,2018(1):6-8.

Bai Yang. Human Capital, Industrial Structure Upgrading and Economic Growth in China: A Literature Review [J]. International Journal of Business and Management, 2020, 15(8).

Chen Shuangying, Li Qiyue, Lei Bo, Wang Na. Configurational Analysis of the Driving Paths of Chinese Digital Economy Based on the Technology-Organization-Environment Framework [J]. SAGE Open, 2021, 11(4).

Dai Shengli, Zhang Weimin, Wang Yingying, Wang Ge. Examining the Impact of Regional Development Policy on Industrial Structure Upgrading: Quasi-Experimental Evidence from China[J]. International Journal of Environmental Research and Public Health, 2022, 19(9).

Ding Chenhui, Liu Chao, Zheng Chuiyong, Li Feng. Digital Economy, Technological Innovation and High-Quality Economic Development: Based on Spatial Effect and Mediation Effect [J]. Sustainability, 2021, 14(1).

Du Jiating, Ran Maosheng, Ren Jin. Simulation Study on Industrial Structure Upgrading[J]. Journal of Convergence Information Technology, 2012, 7(23).

Feng Jing, Liu Hui, Zhang Xuehua, Hu Yuying. Impact of Technological Progress on Industrial Structure Upgrading based on Spatial Panel Measurement

Model in Beijing-Tianjin-Hebei Region in China [J]. Arabian Journal of Geosciences, 2021, 14(3).

Huang Meng, Ding Rijia, Xin Chunhua. Impact of Technological Innovation and Industrial-Structure Upgrades on Ecological Efficiency in China in Terms of Spatial Spillover and the Threshold Effect [J]. Integrated Environmental Assessment and Management, 2020, 17(4).

Li Yao, Jie Lu, Pingjun Sun. Venture Capital and Industrial Structure Upgrading from the Perspective of Spatial Spillover [J]. Sustainability, 2019, 11(23).

Liu Yang, Yang Yanlin, Li Huihui, Zhong Kaiyang. Digital Economy Development, Industrial Structure Upgrading and Green Total Factor Productivity: Empirical Evidence from China's Cities[J]. International Journal of Environmental Research and Public Health, 2022, 19(4).

Liu Yang, Yang Yanlin, Li Huihui, Zhong Kaiyang. Digital Economy Development, Industrial Structure Upgrading and Green Total Factor Productivity: Empirical Evidence from China's Cities[J]. International Journal of Environmental Research and Public Health, 2022, 19(4).

Liu, Li, Zhao. Research on the Threshold Effect of Population Aging on the Industrial Structure Upgrading in China [J]. Chinese Journal of Population Resources and Environment, 2019, 17(1).

Lu Fei, Liu Minghui, Wang Wuwei, Liu Mei. Impact of Polycentric Urban Network on Industrial Structure Upgrades: Evidence from the Yangtze River Economic Belt [J]. Journal of Urban Planning and Development, 2022, 148(3).

Minhua Yin, Zhiming Xiao, Deyi Kong. Study on the Interactive Mechanism for Land-use Structure Optimization and Industrial Structure Upgrading in Fuzhou Free Trade Zone[J]. Journal of Residuals Science & Technology, 2016, 13(7).

Muhammad Jawad, Zaib Maroof, Munazza Naz. Industrial Development Factors: A Comprehensive Analysis of United States of America, European

Union and China[J]. Quality & Quantity, 2019, 53(4).

Ran Maosheng, Zhao Cheng. Spatial Spillover Effects of Capital Factor Agglomeration on the Urban Industrial Structure Upgrading in China: Based on Panel Data of 284 Prefecture-level Cities [J]. PloS one, 2021, 16(10).

Sun Weifeng. Land Transfer Strategy and Industrial Structure Upgrading—Analysis Based on Geographical Externality [J]. Modern Economy, 2019, 10(4).

Wang Lianghu, Wang Zhao, Ma Yatian. Heterogeneous Environmental Regulation and Industrial Structure Upgrading: Evidence from China [J]. Environmental Science and Pollution Research International, 2021, 29(9).

Wang Liping, Huang Lu. Effect of Chinese Industrial Structure Upgrading on Household Consumption Structure: Evidence from CHIP Data[J]. Journal of Physics: Conference Series, 2021, 1941(1).

Xiao Zumian, Peng Hongfeng, Pan Zheyao. Innovation, External Technological Environment and the Total Factor Productivity of Enterprises[J]. Accounting & Finance, 2021, 62(1).

Xodjibayeva Iqbola Valiyevna, Xuzhakhanov Marufkhon Hamidhanovich. Investment Processes as the Driving Force of Economic Development of the Region[J]. ACADEMICIA: An International Multidisciplinary Research Journal, 2019, 9(3).

Yang Yize, Wei Xiujian, Wei Jie, Gao Xiang. Industrial Structure Upgrading, Green Total Factor Productivity and Carbon Emissions[J]. Sustainability, 2022, 14(2).

Yuanjun Zhao. Analysis of Influencing Factors of Industrial Green Total Factor Productivity in Henan Province [J]. World Scientific Research Journal, 2022, 8(2).

Zebang Deng. Research on the Relationship between China's Aging Population and Income Inequality from the Regional and Community Perspectives[J]. International Journal of Social Science and Education

Research, 2021, 4(10).

G. Zhang, P. Zhang, N. Deng, H. Bao, J. Li. Spatial Effect of Environmental Regulation Measures on Industrial Structure Upgrading from the Empirical Analysis of Beijing-Tianjin-Hebei Region and its Surrounding Areas[J]. Chinese Journal of Population Resources and Environment, 2019, 17(3).